Birgit Wälz

Die Gedanken eines Hundes

Das etwas andere Hundebuch, geschrieben von mir,
Chewbacca, einem katalanischen Schäferhund,
für all die Menschen, die sich vom Hund mal etwas
flüstern lassen möchten.

Birgit Wälz

Die Gedanken eines Hundes

Wälz, Birgit
Gedanken eines Hundes
Oberding: Reimo-Verlag, 2009

ISBN 978 – 3 – 9812270 – 8 – 6

Am Mitterfeld 3, 85445 Oberding
Tel. 08122 / 47 99 715 oder / 79 90
Fax: 08122 / 47 99 714
eMail: reimo_verlag@gmx.de
www.reitmajer-verlag.de

Fotos: Klaus Wenzel und Birgit Wälz

ISBN: 978 – 3 – 9812270 – 8 – 6

Inhalt:

	Seite
Prolog	6
Von Katalonien an die Bergstraße	7
Mein Rudel und unsere Rangordnung	13
Mädels – oder: warum ich auf Ausstellungen bin	15
Ich und dominant?!	18
Von A-Z – also von Alphawurf bis Zauneffekt	21
Die Sache mit der Kralle	23
Schafe, Gäste und Familie hüten	26
Hochmut kommt vor dem Fall	29
Im Schneegestöber	32
Gos-Treffen – oder: mein Beitrag zur Zucht	36
Die Sprache der Hunde	39
Ein Vater wird geboren	44
Ich hab ja auch 'ne PSM	48
Der Mensch und die Natur: Zwei fremde Welten prallen aufeinander	51
Turnierhundesport – oder: der fliegende Flokati	53
Psycho, jetzt dreht sie völlig durch	60
Ein Wiedersehen mit Abril	61
Koprophagie – was ist denn das Ekliges?	63
Mein erstes „Schleifchen“	65
Die Macht des Erfolges	66
Happy Birthday, Yoda!	68
Der Jedi-Ritter – oder: wer rammelt wen?	72
Bella, für die der Wolf heult	74
Männersache: Prostata	75
Subdominanz – oder: ein Chef für gewisse Stunden!	77
Rudelordnung – oder: „Lasst die das mal selbst austragen“	80
Kyara, meine liebreizende Sirene	83

Prolog

Ein Gos d`Atura Catala, auch bekannt als katalanischer Schäferhund oder Perro de Pastor Catalan, gehört aufgrund seiner Intelligenz und Fähigkeit, eigene Entscheidungen zu treffen, nicht unbedingt zu den einfachen Vierbeinern.

Für den Menschen heißt das: „Oje, kann man denn den überhaupt erziehen?“ – für uns Gossos heißt das: „Ehrlich, es ist doch schon recht schwer, als stolzer Rüde in der heutigen menschlichen Gesellschaft seine Hunde-Würde zu wahren.“ Ich kann ein Lied davon jaulen, was einem alles passieren kann, wenn man vom süßen Welpen zum Halbstarken reift, und hat man das ohne Kastration endlich überlebt, schließlich auch noch als Deckrüde unter Zeitdruck gesetzt wird. Da hagelt es Kommentare, Kopfschütteln und Ratlosigkeit, bis Mensch kapiert, wie es wirklich in so einer Hundeseele aussieht. Na, da heißt es: viel lernen und viel Geduld haben, schließlich wollten die ja einen Hund, möglichst keinen Modehund, wuschelig soll er sein, aber kein Trottel. Tja, nun haben sie, was sie wollten – MICH – und das bedeutet: gewillt sein, das Verhalten eines Machos zu tolerieren und die Instinkte eines kleinen Wolfes zu akzeptieren.

Die folgenden Erlebnisse basieren auf wahren Begebenheiten, wobei ich als Gentleman die Namen der betroffenen Lebewesen in manchen Fällen geändert habe, um ihre Intimsphäre zu wahren.

Von Katalonien an die Bergstraße

Als echter Spanier ist mein Name eigentlich „Truc Sisdits“, was übersetzt „Truc Sechszehen“ heißt. Sechs Zehen haben wir Gos d`Aturas (zu Deutsch: Hund des Hirten oder Hund des Schäfers), weil wir diese für unsere Arbeit an den Viehherden brauchen. Damit hat man nämlich eine größere „Pfotenfläche“, welche es uns ermöglicht, besser über eine dicht gedrängte Herde zu laufen.

Aber weil sich „Truc“ anhört wie ein amerikanischer Lastwagen und ich eher wie der Pilot von „StarWars“ aussehe (meint zumindest Herrchen, ein „Krieg der Sterne“-Fan), werde ich „Chewbacca“ (gesprochen: Tschubacka) genannt oder „Chewie“ (gesprochen: Tschui), aber nur, wenn ich lieb bin.

Geboren wurde ich in den Bergen von Katalonien, einer nordspanischen Provinz, wo wir – nach wie vor – als eine der wenigen Rassen gezüchtet werden, die man auch heute noch in ursprünglichem Zustand vorfindet. Damals gab es in Deutschland sehr wenige Goswelpen, und als Herrchen und Frauchen von der spanischen Züchterin erfahren hatten, kamen sie angeflogen.

Mittlerweile tue ich natürlich mein Bestes, um die Deutschen mit kleinen katalanischen Schäferhunden zu beglücken.

Aber ich greife vor, zunächst war ich doch selbst noch ein kleiner Welpe. Gossos treten etwa ab der achten Lebenswoche in die Sozialisierungsphase ein. Meine sechs Brüder und ich wurden neugierig, schwärmten aus und stritten untereinander heftig um Futter, trugen Kämpfchen aus, um uns zu behaupten und das Rudel neu zu organisieren. Und da wir eh schon mal gerade beim Umstrukturieren waren, bot sich hier die beste Gelegenheit, sich in ein neues Rudel, sprich in eine neue Familie zu integrieren. Meine Mama hatte auch so langsam die Schnauze von uns voll und da kamen die beiden fremden Menschen uns bzw. mir gerade recht. Ein paar Mal kamen sie zu Besuch, schmusten mit mir, damit ich ihnen nicht so ganz fremd bin, und schließlich wurde Papierkram erledigt und schon ging es ab ins Auto. Das Ding fuhr los und puh – mir wurde schlecht (lag vielleicht daran, dass es nur ein Leihwagen war?). Auf jeden Fall fiel mir erst mal mein Frühstück aus dem Gesicht und Frauchen, die mich auf dem Schoß sitzen hatte, war ganz bekleckert. Na, das fing ja gut an.

Nach dieser innigen Art einander kennenzulernen, haben wir zunächst ein paar Tage Ferien am Strand von Barcelona gemacht, um uns noch vertrauter zu werden. Eines wussten wir ja schon und deshalb haben wir auch gleich die Gelegenheit genutzt, ein bisschen zu üben, nämlich Autofahren.

So ziemlich das Stressigste für die Menschen ist es, wenn der Hund nicht in der Lieblingsmaschine – dem Auto – mitfahren kann. Gute Züchter wissen das und üben bereits mit den Welpen, *bevor* sie mit der rollenden, brummenden Kiste etwas Schlechtes verbinden können. Die erste Fahrt für die Kleinen sollte deshalb nicht die zum Tierarzt sein, wo sie gechipt, geimpft und entwurmt werden, denn Welpe verknüpft dann folgendes: Ich komme in ein lautes, vibrierendes Ding, in dem mir ohnehin schon übel wird; dieses bringt mich zu einem Fremden, der mich piekst und mir was gibt, wodurch mir noch schlechter wird. Die zweite Fahrt ist dann gewöhnlich die, auf der Welpe von seinen neuen Besitzern abgeholt wird. Und wieder wird das Auto damit in Verbindung gebracht, dass Hund

seinem Rudel entrissen wird. Da kann man doch sehr leicht eine ernsthafte Phobie gegen die Karre kriegen.
Ich hatte zwar keine, aber auch mein Organismus war noch nicht auf lange Autofahrten eingerichtet. Das Rütteln und Rucken und die Verkehrsgeräusche können einem Hund schon Angst machen. Guckt er aus dem Fenster, wo die Landschaft an ihm „vorbeifliegt", wird ihm schwindlig und schlecht. Während der Fahrt wird dann natürlich Stress und Angst ausgelöst. Mancher Hund zittert, erbricht, speichelt, winselt, uriniert oder setzt Kot ab. Er legt die Ohren an und zieht den Schwanz ein. Na, das wollten wir doch nicht und deshalb sollte für mich das Autofahren etwas Positives bedeuten und Sinn machen. Zunächst also fingen wir das Thema am nächsten Tag noch mal ganz von vorne an.
Ich wurde ins Auto gesetzt und bekam mein Fresschen. Das war für den Tag schon mal genug. Am nächsten Tag wieder dasselbe, nur dass Herrchen diesmal den Motor anmachte. Da ich total cool blieb, konnte ich am dritten Tag schon ein bisschen mit in der Auffahrt hin und her fahren. Dann kam das Beste: eine Fünf-Minuten-Fahrt zum Strand; noch bevor mir richtig schlecht werden konnte, stiegen wir aus und ich tobte im Sand herum. Nach der Rückfahrt erwartete mich auch noch ein Superfresschen. Na, so ein Auto macht doch wirklich Hundeträume wahr. Zwar war mir immer noch ein kleines bisschen schummerig, aber ab jetzt wusste ich, dass auf mich am Ende einer jeden Fahrt etwas Tolles wartet.

Heute rufen oft die Besitzer meiner eigenen Welpen an und fragen, was sie falsch gemacht haben. Sie haben doch geübt!!! Tja, nur sieht das halt doch meist so aus: Morgens fahren die Eltern ihre Kinder in den Kindergarten oder in die Schule und nehmen das als Gelegenheit, um mit dem Welpen zu „üben". Sie gehen dann vielleicht bereits vorher mit ihm Gassi und er bekommt zuvor zu Hause sein Fresschen. Vollgefressen steigt er dann ins Auto, es ruckelt, und es verlässt ihn erst das eine Kind am Kindergarten, dann das andere an der Schule. Außer dass Türen knallen, ihm schlecht wird, gehen auch noch seine Rudelmitglieder weg. Danach kommt er nach Hause, ihm ist elend und nichts erwartet ihn dort. Na, das ist doch bestimmt nicht Sinn der Sache.

Aber nun weiter mit mir, bei meinen Ablegern sind wir ja noch lange nicht. Nach so viel Üben verrann die Zeit, und der letzte Tag auf heimatlichem Boden war gekommen. Ich bekam ein Flugticket (je Kilo Lebendgewicht kostete ich übrigens acht Euro) und ein Körbchen und schon gingen wir an Bord eines Fliegers, ich als Handgepäck. Die Stewardessen haben mich wie einen VIP behandelt, denn natürlich war ich angemeldet und wurde erwartet. Okay, ich war wohl doch nicht ganz so „very important", denn ich bekam keinen eigenen Sitz, musste in meinem Körbchen bleiben und wurde zu Füssen meines Herrchens abgestellt. Kaviar bekam ich auch nicht. Natürlich haben sich meine Menschen Sorgen gemacht, dass mir wieder mal schlecht wird oder dass ich herumschreie. Aber ich entpuppte mich als richtiger Jetsetter und war deshalb schon gleich beim Start eingeschlafen (obwohl Frauchen ja vermutet hat, ich wäre vielleicht ohnmächtig geworden). Auf jeden Fall hätten sie sich die ganze Tasche voller Kauknochen, Leckerchen, Brech- und Kottüten, Waschlappen, Decken etc. sparen können. Ich war im wahrsten Sinne des Wortes im „Himmel".

Die lange Fahrt vom Frankfurter Flughafen die Bergstraße entlang habe ich wie ein Profi bewältigt, war ja schließlich auch kein Leihwagen und Eigenes spuckt man nicht voll. Froh gelaunt kam ich dann endlich in meinem neuen Zuhause in Weinheim an. Meine Nachbarn haben ein Willkommensplakat mit lauter tollen Hundespielsachen ans Tor gemacht; das habe ich sofort zerlegt. Nach einem kurzen Rundgang durch Haus und Garten habe ich vorsichtshalber gleich mal alles in Beschlag genommen (vor allem das Sofa).

Da Herrchen und Frauchen vorher schon einen Hund hatten und sich auch noch schnell mit der aktuellsten Lektüre auf den neuesten Stand gebracht hatten, klappte die Verständigung ausgezeichnet. Stubenrein z. B. bedeutet: Pipi im Haus wird ignoriert, bei Pipi im Garten gibt es ein Leckerchen und Jubel. Hatte ich gleich kapiert. Nur nachts kam manchmal einer ins Haus geschlichen und hat ein Pfützchen hinterlassen. Gott sei Dank kam der dann nach zwei Wochen nicht wieder.

Meinen Tagesrhythmus habe ich auch schnell gefunden. Zweimal die Woche geht es in die Hundeschule. Erst mal Welpenstunde. Oh, oh, da hab ich mich ja ganz schön gefürchtet und saß die ersten Male jammernd in der Ecke. Dann, mit fast neun Monaten, war ich ein echter Draufgänger und – wie heute noch – liebte die Raufereien genauso wie den Gehorsam (ich höre gut!) und das Sportprogramm. Ab da ging Frauchen jeden Morgen (nicht vor 9.00 Uhr, ich bin ein echter Langschläfer) mit mir zum Walken. D.h. wir laufen etwas schneller und sie rudert dabei so komisch mit den Armen. Aber was soll´s – Hauptsache, sie bummelt nicht vor sich hin. Da ich Kommandos wie Stop, Sitz, Hier, Platz, Bleib auf Anhieb gelernt habe (ich bin ja nicht blöd!), kann ich ohne Leine laufen.

Das gute „Hören“ hat mir Frauchen übrigens mit einem Trick beigebracht. Zunächst musste mein persönliches Superwort gefunden werden und wir entschlossen uns für das „Hieeeja“. Ähnlich dem „Hier“, nur betonter und länger und immer fröhlich ausgerufen. Damit wollte Frauchen meine Aufmerksamkeit wecken, zunächst natürlich nur, wenn ich nicht zu sehr abgelenkt war und ganz bestimmt auch hören würde. Also rief sie mich in besonders und übertrieben fröhlichem Tonfall mit „Hieeeja“. Aber das sollte noch längst nicht alles sein. Da Hunde es so überhaupt nicht mögen, wenn sich Rudelmitglieder von ihnen entfernen, rennt sie, wenn ich gucke, auch noch in entgegengesetzter Richtung. Na, das ist ja noch nicht sooooo spektakulär. Sie setzt aber dann noch eins obendrauf und weckt meinen Jagdtrieb. Das merke ich dann bald schon, wenn sie mit dem Arm schwingt. Ich komme angeflitzt und genau dann, wenn ich auf ihrer Höhe bin, wirft sie mir eine Beute (anfangs waren es kleine Fleischbällen) in ihre Laufrichtung. Ich rase vorbei, schnappe mir das Leckerchen und warte auf sie. Dafür bekomme ich ein tolles „Fein“ zu hören. Wir steigerten das Spielchen mit immer mehr Ablenkung, mal ein Radfahrer, mal ein interessanter Vogel usw. Mittlerweile ist nicht mal mehr ein Hase so interessant wie unsere kleine Übung, denn bereits beim Wort „Hieeja“ setzt bei mir der Speichelfluss ein (mir läuft das Wasser im Mund zusammen). Auch die Aussicht auf eine Fleischbällchenjagd ist oft viel reizvoller als blöde Hasen, die ich eh nie kriege. Damit ich das Ganze nicht vergesse, wird dieses Ritual von Zeit zu Zeit immer mal wieder aufgefrischt, auch wenn ich bereits auf das normale „Hier“ gut höre und keine besonderen Leckerchen dafür bekomme. Wir wollen ja schließlich nichts verlernen!

Aber zurück zu meinem Tagesablauf. Nachmittags muss ich meinen gärtnerischen Pflichten nachkommen. D.h. ich rupfe alle trockenen Blätter von den Benjamins, Drachenbäumchen und was sonst noch grünt und blüht im Haus ab (nur die trockenen, die grünen mag ich nicht und außerdem gibt´ s Ärger!).
Wir waren mal alle bei Freunden zum Essen eingeladen und ich wollte mich erkenntlich zeigen und habe da netterweise ein paar verwelkte Blumen entsorgt. Die waren aber dann ganz komisch und haben gemeint, das wäre ein Trockenblumenstrauß. Was immer das war, so dürres Zeugs gehört doch nicht in die Wohnung, oder!?

Abends nimmt mich dann Herrchen doch an die Leine (Mist!) und ich soll Fuß gehen (kann ich ohne den Strick echt viel besser). Im Sommer geht's zum Schwimmen, im Winter soll ich nicht ins Wasser (wieso eigentlich?), aber manchmal mache ich es doch. Nach dem Rundgang bin ich dann echt geschafft und lege mich zu meinem Rudel (auch wenns bis dahin bloß menschlich war) aufs Sofa. Beim Bürsten guckte ich mir manchmal einen Tierfilm im Fernsehen an und war ganz aufgeregt. Anfänglich schaute ich dann im Garten nach, ob die Tiere, die vom Bildschirm verschwunden sind, da nicht wieder auftauchten. Habe aber leider nie Löwen oder Giraffen gefunden. Vorm Schlafengehen muss ich unbedingt (genau wie morgens und nach dem Mittagsschläfchen) geschmust werden, denn sonst erleidet meine kleine Hundeseele erheblichen Schaden.

Wie ihr seht, war meine Immigration erfolgreich verlaufen. Dann erforschte ich so langsam mal die Sache mit den Hundedamen, über die ich euch dann später noch aufklären werde.

Mein Rudel und unsere Rangordnung

Wir Gossos leben wie alle Hunde in einem Hierarchiestatus, was bedeutet, dass wir mit Gleichberechtigung so überhaupt nichts anfangen können. In der Familie heißt das, dass wir unbedingt eine gute und konsequente Führung brauchen, um uns gelassen und ruhig in diese einfügen zu können. Sind unsere Rudelmitglieder (die Menschen) zu schwach, fühlen wir uns schnell für sie verantwortlich und übernehmen das Zepter. Uns Schäferhunden, die allgemein als dominante Rasse gelten, fehlt es dabei an Konsequenz natürlich nicht. Im Gegenteil, wir setzen dann ziemlich penetrant, notfalls auch aggressiv, unseren Führungsstatus durch und die Untergebenen müssen gehorchen. Nicht selten hat sich schon ein Gos als Tyrann über seine Familie entpuppt. Kurz gesagt, wir süßen kleinen Wuschel sind zwar sensibel und brauchen eine liebevolle, ruhige Hand, aber wir sind durchaus keine Trottel.

So ist es auch mir praktisch in die Wiege gelegt worden, gerade in jungen Jahren immer wieder zu kontrollieren, ob sich mein Rang in der Familie nicht doch etwas nach oben verschieben lässt. Vielleicht haben die ja vergessen, dass ich der Unterste im Rudel bin, und das sollte doch von Zeit zu Zeit von mir mal überprüft werden.

Die einfachste Methode ist natürlich, wenn Hund durch Knurren versucht, seine Familie einzuschüchtern, weil diese einem z. B. den Schuh, den man gerade so schön zerlegt, wegnehmen will. Auch ganz gut bewährt hat es sich, wenn man sich auf dem Sofa so breit macht, dass keiner von den anderen mehr Platz hat, und dann auch noch stur liegen bleibt, wenn man weggeschubst wird. Oder man weigert sich einfach mal, sich anleinen zu lassen, hört nicht so recht, wenn man gerufen wird, und ist insgesamt ein bisschen unverschämter als sonst. Wird das dann nicht freundlich, aber doch vehement unterbunden, kann man sich weiter nach oben hangeln, rangeln oder raufen.

Diese ständigen, kleinen Dominanz-Versuche sind nicht etwa eine lästige Verhaltensstörung, sondern eine normale und so veranlagte Selbstsicherheit des Hundes. Und die soll Mensch auf keinen Fall austreiben, aber doch auf ein für alle Rudelmitglieder erträgliches Maß korrigieren.

Natürlich werden sich jetzt einige „sozial“ eingestellte Menschen fragen, warum denn eigentlich der Hund nicht die Führung übernehmen soll, solange er nicht „bösartig“ wird. Man sieht es doch oft, wie der kleine, süße Terrier oder Dackel eifersüchtig über sein Frauchen wacht, sich durch stetiges Bellen ein Leckerchen einfordert oder im Restaurant auf dem Stühlchen neben ihr hockt und nach jedem schnappt, der zu nahe kommt. Man schmunzelt über so viele Führungsqualitäten, aber keiner macht sich Gedanken, welche Rolle damit dem armen Kerl aufgebürdet wurde. Hält der Hund sich für den Anführer des Rudels, so hat er eine Menge Verpflichtungen. Er muss für das Wohlergehen und die Sicherheit sorgen. Das kann er in unserer Gesellschaft aber nicht ohne Job, Geld, Auto … (und ich habe noch keinen Besitzer gesehen, der seinem Hund die Autoschlüssel in die Pfote gedrückt hat, damit der zum nächsten Supermarkt fahren kann). Also gäbe es jetzt nur noch die Möglichkeit, dass das Rudel in eine Höhle in den Wald zieht (was wohl der alten Dame mit dem Dackel nicht gefallen wird), denn nur hier kann der Hund – sofern er nicht vom nächsten Jäger erschossen oder vertrieben wird – für Nahrung und Sicherheit sorgen. Da das auch wieder keine wirklich gute Lösung ist, wird der Hund mit der ihm auferlegten Führerrolle nicht klar kommen, gestresst sein und entweder emotional verkümmern oder aggressiv werden.

Es ist also normal, dass der Hund zwar die Führungseigenschaften seiner Familie testet, er wird aber höchst zufrieden sein, wenn er feststellt, dass bereits der Mensch diese Rolle übernommen hat. Für mich hieß das im Klartext, immer wenn ich zu aufmüpfig wurde, wurden mir sämtliche Vorteile gestrichen (z. B. war es dann nix mit Auf-dem-Sofa-liegen, es gab keine Schmuseeinheiten, wenn ich schmusen wollte und schon gar keine Leckerchen, wenn ich danach bettelte …) und gleichzeitig wurde auch noch etwas mehr an meinem Gehorsam, sprich meiner Unterordnung gearbeitet.

Mädels – oder: warum ich auf Ausstellungen bin

Mit zunehmendem Alter wurde mir eines immer klarer, nämlich im Gegensatz zu Rüden riechen die Hundemädels ja sooooooo gut! Deshalb schnüffelte ich erst mal ein bisschen, leckte ihnen das Ohr und den Mund, schubste sie mit Nase oder Pfote und versuchte dann, auf sie draufzuhopsen. Aber das, was ich eigentlich ganz lustig finde, mochten die Damen komischerweise überhaupt nicht und zwickten mich immer weg.

Frauchen meinte, das liegt daran, dass sie entweder kastriert oder nicht läufig sind. Die würden mich nur draufhopsen lassen, wenn sie Welpen wollen. Welpen wollten sie aber nur von einem preisgekrönten Hund. Also wollte ich natürlich unbedingt preisgekrönt sein, was ja bedeutet, dass ich auf Ausstellungen musste, um meine Zuchtzulassung zu bekommen.

Entgegen der landläufigen Meinung dienen Ausstellungen nicht nur der Eitelkeit der Besitzer. Nein, sie haben auch etwas Gutes, denn sie bieten z. B. den Menschen eine Gelegenheit, mal die verschiedensten Hunderassen in natura zu sehen. Dann wird hier durch einen sogenannten Ringrichter auch noch festgestellt, welcher Hund denn wirklich wie ein Hund seiner Rasse aussieht. Man möchte ja z. B. keinen Dackel haben, der wie ein Bobtail aussieht. Also beurteilt ein Richter den „Phänotyp" des Hundes. Ist er für die Rasse typisch, wird er zur Zucht zugelassen. Hat er ganz untypische Merkmale für die Rasse, bekommt er keine Zuchtzulassung, denn das würde ja im Laufe der Jahre dazu führen, dass vielleicht oben genannter Dackel wirklich bald wie ein Bobtail aussieht, und dann würden die ganzen Beschreibungen, die man so liest, nicht mehr zu ihm passen.

So weit, so gut. Wir haben mich also bei der nächsten dieser Veranstaltungen angemeldet und schon gingen die Probleme los. Weder Herrchen, Frauchen noch ich kennen sich mit Ausstellungen aus. Sollte ich zum Hundefrisör? Waschen, schneiden, legen? Pfui, nein! Wir sind zu dem eindeutigen Ergebnis gekommen, dass ich ein Naturbursche bin und deshalb möglichst ungestylt auftreten sollte. In einer demokratischen Abstimmung (die zwei zu eins gegen mich ausgefallen ist) wurde beschlossen, dass ich morgens noch gebürstet werden sollte (na klar, denen ziept das Fell ja auch nicht). Dann ging's los mit der Rennerei: hinfahren, anmelden, Papiere holen, Ring für Junghunde suchen, anstellen, warten. Ich fand's gut, weil so viele meiner vierbeinigen Freunde da waren und die wollten ja alle begrüßt werden. Nach Stunden kamen wir endlich dran und mir wurde etwas mulmig. Der Richter hat mich überall angefasst und mich sogar unsittlich berührt!!! Da hatte ich aber Angst und wollte wieder gehen, aber dann hat er ein paar ganz tolle Leckerchen aus seiner Aktentasche geholt und die habe ich auch ganz brav aufgegessen (ich bin ja nicht nachtragend).

Dafür bekam ich dann eine „Eins“ von ihm, eine Urkunde und einen goldenen Napf. Der war leider leer und deshalb heißt er auch Pokal. Wer verschenkt denn so was Doofes? Ein Ring Fleischwurst als Siegerkranz wäre doch viel leckerer und Frauchen hätte auch nichts abzustauben. Außerdem bekam ich noch einen Richterbericht, in dem so komische Sachen stehen wie: „Brust: voluminös, genügend Tiefe“ oder „Rücken gerade“. Na, dem hätte ich auch sagen können, dass ich keinen Buckel habe. Was mir aber am besten gefallen hat, war die Bemerkung über meine Gesamterscheinung, denn ab jetzt konnte Frauchen nicht mehr behaupten, dass ich rüpelhaft und frech bin. Ich bin nämlich „ein temperamentvoller Rüde, der bereits in seinem Alter alle Merkmale der Rasse zeigt“. Ganz oben auf dem Zettel stand dann noch ein „E“, was bedeutet, dass ich noch in den Ehrenring durfte. Ich fand´s super, da darf nämlich nur der Beste einer jeden Rasse rein. Herrchen und Frauchen hingegen waren langsam etwas gestresst, denn das bedeutete ja wieder mal warten. Na, was wollten die denn eigentlich, lieber einen hässlichen Hund, damit sie früher heim kommen?

Während sie gelangweilt herumgelaufen sind, war es für mich ganz interessant zu sehen, dass es auch Hunde gibt, die wie Meerschweinchen oder Fledermäuse aussehen. Die rasierten Königspudel habe ich lieber mal angebellt, die kamen mir irgendwie wie Aliens vor. Dann war es endlich so weit und ich konnte mit ein paar anderen “E“-Hunden noch mal im Ehrenring herumrennen, denn es sollte der schönste Hund der Ausstellung gefunden werden.

Hier habe ich sie dann auch entdeckt, meine Traumfrau, in Gestalt eines wunderschönen Briardmädchens.

Und obwohl die dummerweise auch nichts von mir wollte, habe ich mich gleich verliebt. Die Richter und ich haben dann beschlossen, dass sie als Tagessiegerin noch einen Pokal verdient hat (leider war der auch leer). Danach habe ich sie dann aus den Augen verloren und außerdem bekam ich langsam Hunger (schließlich kann man nicht nur von Luft und Liebe leben). Also sind wir nach Hause gefahren und Frauchen hat mir mein Abendessen im Pokal serviert.

Wir alle waren nach dem anstrengenden Tag hundemüde und ich befürchtete, dass Herrchen und Frauchen von der Ausstellung nicht so begeistert waren. Das ist nicht so ganz ihr Ding. Aber ich musste da ja unbedingt noch mal hin. Schließlich brauchte ich noch mehr leere, goldene Näpfe, damit ich zur Zucht zugelassen werde und Babys machen darf.

Ich und dominant?!

Es ist ja mittlerweile allen klar, dass ich nicht nur ein toller Hund, sondern ein richtiger Musterknabe bin (zu Hause). Aber plötzlich, so mir nichts, dir nichts, kam doch mein Frauchen auf die Idee, dass ich vielleicht ein wenig zu dominant gegenüber meinen Mitrüden (nur den unkastrierten) sein könnte. Die spinnt doch!
Naja, wenn ich mal ganz offen sein darf, fand ich einen ihrer Hundepsychologie-Wälzer und hab ein wenig daran rumgeschnüffelt. Bildung in geringer Menge kann ja nicht schaden und was musste ich da lesen!? Nur die Ranghöchsten dürfen sich fortpflanzen. Jetzt aber ran an die Arbeit, hab ich mir gedacht, denn es ist mir schon lange ein Dorn im Auge, wie es bei mir im Hundeverein zugeht. Der Platz gehört natürlich, wie alles, was ich länger als fünf Minuten in Beschlag nehme, mir und bei uns Junghunden geht es zu wie Kraut und Rüben. Jemand musste hier dringend für Zucht und Ordnung sorgen und wer sollte das wohl anderes sein als ich?

Zunächst also suchte ich mir natürlich erst mal die Neuankömmlinge und Schwächlinge aus, stürzte mich drauf, schmiss sie um und knurrte wie ein Wilder, wenn sie sich wagten, auch nur zu zappeln. Und siehe da, es wirkt Wunder, genau wie es im Buch stand – ganz ohne echte Gewalt. Die meisten lassen sich doch tatsächlich davon beeindrucken und haben mächtig Schiss vor mir, was mich natürlich bestätigt. Manche auch nicht, aber darüber rede ich nicht so gerne, denn da zog ich lieber schnell die Rute ein und machte mich vom Acker oder bot ihnen (ganz der faire Verlierer) meine Freundschaft an. Ich hatte ja keine Lust drauf, dass ich oder sonst jemand ernsthaft zu Schaden kommt.
Frauchen hat dann natürlich gleich wieder eingekauft. Bücher über interspezifische und intraspezifische Dominanzaggression, will heißen: Stunk zwischen Hunden innerhalb einer Rasse oder auch rasseübergreifend. Mittlerweile haben wir auch schon alle beschriebenen Abhilfe-Methoden erfolglos durch:

Nicht schreien und mich ruhig zurückrufen. Blödsinn, das wirkt nur, wenn ich noch nicht auf dem Feind hocke oder ich nicht wirklich Lust auf ein Kämpfchen habe!

Mich im Genick packen und runterziehen, wenn die anderen Hundebesitzer herumschreien und sich anstellen, als wolle ich ihrem kleinen Liebling (der Null) an den Kragen. Wenn ein Hund dann noch von seinem Besitzer auf den Rücken gedreht wird, sieht das für die Menschen mächtig nach Erziehung aus, dient aber eigentlich meist nur dem Showeffekt. Aber immerhin, guter Versuch!

Mich anleinen, wenn ein junger Rüde kommt, und erst mal an der Leine gucken, ob es klappt. Aber da greife ich zu Trick siebzehn: erst mal mit dem Schwanz wedeln, was ja freundlich aussieht. Aber eine seitlich peitschende Rute bedeutet eigentlich eher Unsicherheit, nur weiß das kaum jemand und verwechselt es mit „der-will-nur-spielen“. Also „wedel, wedel“ bis ich abgeleint werde – dann, wenn der andere mir doof kommt (da reicht schon anglotzen), auf ihn mit Attacke!!!!
Herrchen meinte dann, er würde es gerne mal mit einem Eimer Wasser probieren, um mich zu schocken. Gute Idee und viel Spaß beim Herumschleppen!

So langsam gingen uns dann auch die Ideen aus. Vielleicht sollte ich ja einfach so bleiben wie ich bin!? Da es aber vor allem für die Menschen ein Ärgernis ist, wenn bei Hundebegegnungen immer einer (hiermit meinten die mich) den „Sheriff“ spielt, hatten meine Leute doch gehofft, sie könnten mich zur Gleichberechtigung erziehen oder aber halt mein Gemütchen etwas bändigen. Wir forschten also leider weiter.

Beim Tierarzt kam dann das Angstwort „Kastration“ auf. Ja, kennt der denn die Fragen der Begleithundeprüfung nicht, die Herrchen gerade büffelte? Da heißt es doch ganz klar, dass das bei vielen Hunden gar nichts bringt. Und ich schwor, wenn die mich zur *Rüdin* machen, werde ich eine(r) von denen, die fett und faul werden und trotzdem raufen. Aber – danke Herrchen!!! – ich habe so rausgehört, dass das mit der Abschneiderei von Körperteilen dann doch nicht so in Frage kam. Puh, Glück gehabt!
Dafür durfte ich dann – statt mit Chirurgen – mit einigen „Verhaltensexperten“ arbeiten. „Einigen“ deshalb, da guter Rat nicht nur teuer, sondern auch oft einseitig ist und sich Frauchen deshalb doch lieber gleich ein paar Meinungen anhört.

Die Profis gingen also zunächst erst mal mit uns Gassi, um zu sehen, ob denn auch meine Beziehung zu Herrchen und Frauchen stimmt. Die haben uns dann gratuliert, ich habe nämlich eine sehr gute, enge Bindung. Auch fanden sie mich, zum Leidwesen meines Frauchens, „natürlich“ und „normal“. Die hatte wohl auf eine ausmerzbare Verhaltensstörung gehofft, wenn es schon keinen Ausschalteknopf an mir gab. Da ich also nun doch kein Problemhund war, musste mein Verhalten ja irgendwie jetzt noch erklärt werden.
Ohweia, Achtung jetzt kommt's: Ich wurde als ein Rüpel gegenüber Rüden beschrieben, aber auch als ein Gentleman, was Hündinnen betrifft, ein gestrenger Erzieher von Junghunden und ein geduldiger von Welpen. Außerdem lebe ich *„sehr nahe am Rudel“*, was heißt, dass ich ein sehr ausgeprägtes, typisches Rudelverhalten zeige.

Dies ist wohl darauf zurückzuführen, dass wir Gossos eben noch nicht so „durchzüchtet“ sind wie andere, gängigere Rassen. Aus menschlicher Sicht lässt mich das natürlich als Rowdy dastehen, als ursprüngliches Rudeltier scheint es zwar ebenfalls recht rüpelhaft, aber angemessen (zumal ich mir die Früchtchen unterwerfe, aber nicht beiße). Als Macho erwarte ich den nötigen Abstand von „nach Konkurrenz riechenden Nichtrudelmitgliedern“, ansonsten wird geknurrt, was ich (hört, hört) ohne weiteres auch darf. Nicht all diese „Mahnungen“ soll oder muss der Mensch schließlich unterbinden!

Mein Sicherheits-Abstand zwischen mir und den Nebenbuhlern ist jedoch sehr groß gewählt (klar, es sei jedem Rüden geraten, mindestens mal 15 Meter von mir wegzubleiben). Schwächere Rüden werden von mir aus dem Rudel aussortiert, also davongejagt, was eigentlich heutzutage der Züchter erledigt, nicht mehr der Wolf bzw. ich … Aber sehe ich vielleicht irgendwo einen Züchter? Die sind doch nie da, wenn man sie braucht. Respekt zeige ich nur gegenüber dominanteren Rüden (da zücke ich die Beschwichtigungssignale: wegschauen, wegdrehen, Sicherheits-Abstand einhalten … also bloß nicht provozieren!!!!) und das erwarte ich schlicht auch von denen, die mir unterlegen sind.

So, aber was machen wir nun mit unserem neuen Wissen, wie gehen wir vor? Dafür schlage ich gleich mal ein neues Kapitel auf.

Von A-Z – also: von Alphawurf bis Zauneffekt

Gerade auf den Hundeplätzen wird ja gerne noch im alten Stil erzogen, vor allem dann, wenn man dort nur die gängigen, gut durchzüchteten Rassen gewohnt ist. Bei Machoallüren wird zum „Allheilmittel“, dem „Alphawurf“, geraten (wobei der Hund vom Menschen auf den Rücken geworfen wird). Dies soll dann den Naturburschen davon abhalten, den Dicken zu machen; schließlich wurde diese Dominanzgeste direkt von uns Hunden abgeguckt. Bei manchen Hunden scheint das durchaus gut zu funktionieren, sofern sie sich leicht einschüchtern lassen, bei anderen wie z. B. mir aber nicht! Denn leider, leider gibt es für euch Menschen da ein kleines Problemchen, da ihr – wie so oft – der Natur nicht richtig zugeschaut habt:

1. Der Griff muss richtig sitzen, denn ansonsten geht der Schuss wohl kräftig nach hinten los und ihr steht als Schwächling da. Auch bei uns Hunden geht die Rückenrolle ab und zu daneben, was bedeutet, dass wir – haben wir zu wenig Kraft oder eine schlechte Technik – uns ganz schnell vom Acker machen müssen.
2. Hund muss diese „Unterwerfung“ auch als solche verstehen, was ich nicht tue. Ist es doch unser allabendliches Spielchen beim Bürsten, wobei Herrchen mich aufs Kreuz legt. Da bin ich ganz relaxed, schließlich folgt das Bauchkraulen.
3. Und dann ist da noch der sogenannte „Zauneffekt“, der uns durch ein gutes Beispiel so erklärt wurde: In einem Garten lebt ein Rudel Hunde. Am Zaun läuft nun ein fremder Rüde vorbei und hebt vielleicht auch noch das Bein. Da das ja wohl eine Frechheit ist, springt das Rudel bellend an den Zaun. Hierbei kommt es vor, dass im Eifer des Gefechtes die einzelnen Rudelmitglieder (vom Alphahund bis hin zum Untersten) übereinander fallen, sich versehentlich auch gegenseitig in die „Zähne laufen“ usw. Kein Rudelmitglied würde jetzt dieses „Gerangel“ auf sich selbst beziehen, geschweige denn diese Tätlichkeit verübeln. Schließlich gilt die Aggression nicht den Kumpels, sondern schlicht und einfach dem Rüpel außerhalb. Demnach ist es wohl kein Wunder, dass ich auch von Herrchen annehme, dass sein „Aus-Gebrülle“ dem anderen Rüden gilt (Mitbellen) und seine Handgreiflichkeiten (Rückendrehen) schlichtes Versehen sind (Kollateralschaden) ...

Nachdem sich also dieser hochgejubelte Rudelführertrick bei mir als wirkungslos herausstellte, suchten wir (wieder in der Natur) nach neuen Vermeidungstaktiken für Maulereien.

Jeder, der genau hinguckt, wird feststellen, dass ein Alphawolf seinen Rudelmitgliedern gegenüber stets ruhig und gelassen ist. Bei Streit mit fremden Hunden wird er aber auch jedes Rudelmitglied unterstützen. Unangemessenes Verhalten unter Rudelmitgliedern hingegen wird vom Chef oftmals schlicht und einfach ignoriert. Wird's dann doch zu bunt, wird kurz gebrummt oder auch mal zugepackt. Da ich mich nicht mit Rudelmitgliedern streite (mit Herrchen und Frauchen sind die Fronten längst klar), erwarte ich wohl eher, dass Herrchen mich bei fremden Rüden im „Kampf ums Verjagen" unterstützt. Blöd nur, dass das so gar nicht in sein menschliches Sozialverhalten passt. Drohgebärden kann Herrchen äußerst schlecht imitieren, und ignorieren will oder kann er oft nicht, also liegt Folgendes doch nahe:
Er behält die Ruhe, wenn ich mal wieder rüdig werde, brummt ein kurzes „Nein" und gibt mir die Möglichkeit, durch eine Ersatzhandlung (was kann Hund statt streiten tun?) wie z. B. dem Kommando „Sitz", „Fuß", „Platz" oder „Watch" ein Lob einzuheimsen. Mit ein bisschen Übung lasse ich mich gerne ablenken und verliere (für diesmal) die Lust, dem anderen zu zeigen, wer hier der Rüde Nr.1 ist. Habe ich einen schlechten Tag, werde ich vom Herrchen angepustet – das kann ich mal überhaupt nicht leiden –, was viel wirkungsvoller als jegliche Art von Handgreiflichkeit ist.

Eigentlich sollte sich dann so nach und nach mein „Lustgewinn" am Machogehabe immer mehr verringern. Das tut es auch durchaus (aber „langsam" ist ein dehnbarer Begriff).

Also – sollte auch bei eurem Vierbeiner die „Rückenrolle" nicht zum gewünschten Erfolg führen, lasst doch einfach die Finger davon. Cool und gelassen einer Konfrontation aus dem Wege gehen ist immer noch besser, als vor seinem eigenen Hund „das Gesicht zu verlieren".

Die Sache mit der Kralle

Meine Freundin Jody, eine Boxer-Mischlingshündin, und ich toben ja immer ganz wild, wenn wir uns sehen. Da geht es hart zur Sache und manchmal tragen wir dann auch den einen oder anderen Kratzer davon.

Ruck-zuck war es dann auch passiert, aber weil mein Adrenalinspiegel bei der Tollerei so hoch war, hatte ich es nicht sofort gemerkt. Als wir dann Blut an uns bemerkten, haben die Frauchens uns nach Kratzern abgesucht.

Wie schon mein Zuchtname „Sisdits" sagt, haben wir Gos d´Aturas nicht nur, wie manch andere Hunde auch, eine fünfte Wolfskralle, sondern gleich zwei, die sich dann doppelte Afterkralle nennt. Bei genauerem Durchzählen hatte ich am Vorderlauf aber nur noch fünf Krallen – die sechste hatte ich mir ausgerissen. Bei den sorgenvollen Gesichtern habe ich dann gleich geahnt, dass der Spaß zu Ende war und ich zur Tierärztin musste.

Die hat mir einen dicken Verband gemacht, eine fiese Spritze gegeben und meinte, die Kralle würde vielleicht wieder nachwachsen, wenn sich nichts entzündet. Alles paletti also und ich dachte, weil ich so tapfer war, geht's zurück, damit ich weiterspielen kann. Aber kaum war ich vom Behandlungstisch runter, war ich auch schon schwer krank. Ich konnte nur noch auf drei Beinen hüpfen und jede Berührung an meinem verletzten Zeh tat höllisch weh.

Drei Leidenstage später sollte dann der Verband gewechselt werden. Aber nicht mit mir! Ich hab die ganze Praxis zusammen geschrien und mein am stärksten entwickelter Instinkt – Flucht – machte aus mir einen strampelnden, kaum zu bändigenden Wilden. Als die Ärztin und auch die drei Arzthelferinnen völlig verschwitzt und kurzatmig waren, hatte ich mich so schön in die ganze Sache reingesteigert, dass ich rein prophylaktisch einfach weiterjaulte und strampelte, auch als der Verband dann endlich ab war. Es hat gewirkt, die gute Frau Doktor meinte, dass sie *DEM* wohl ohne Vollnarkose keinen Verband mehr anlegen kann. Und so hysterisch wie *DER* ist, bräuchte sie dafür wohl eine Elefantendosis. Aber die

Elefantendosen waren wohl gerade alle. Super, fand ich, aber nicht lange, denn stattdessen bekam ich dafür eine Halskrause, damit ich nicht an meiner Wunde lecken konnte. Wie fies ist DIE denn, bitte, drauf??!!!
Der riesige Plastikschirm um meinen Kopf schüchterte mich total ein, da hatte ich die Klappe wohl doch zu weit aufgerissen. Zwar konnte ich wieder mit vier Beinen laufen, war aber jetzt gänzlich orientierungslos und unsicher. „Nichts wie raus hier", hab ich mir gedacht. „Die Tierquälerin bekommt mich so schnell nicht mehr zu Gesicht."

Ohne Verband war es natürlich dann nix mit Gassi gehen, es sollte ja kein Dreck an den Zeh kommen. Aber wenn ich nicht raus komme, wo mach ich dann mein Geschäft hin? Und überhaupt, wie soll ich denn mit dem Ding am Kopf was fressen, trinken oder schlafen?

Kurz gesagt, meine Situation war ganz schön blöd. Das war kein Zustand, das sah dann auch Frauchen ein, als ich versuchte, mir den Kragen an der Tapete abzustreifen. Neu tapezieren oder ein modisches Opfer war dann auch keine wirklich schwierige Entscheidung für sie. Frauchen verstümmelte ihre neue Regenjacke für mich und nähte mir aus den Ärmeln einen weiten, wasserfesten Stiefel. Den ließ ich mir ohne Murren überstreifen und dank Haltebändern um den Brustkorb konnte ich ihn auch nicht abstreifen. Übrigens ging das Teil dann in Serie: „Modell Tiger- und Kuhfell" wurde der Schlager der Saison für alle Beinverletzten im Hundeverein.

Aber zunächst war ich erst mal wieder richtig glücklich. Frauchen, die alte Grüblerin, natürlich nicht. Jetzt redete sie sich ein, dass ich erstens eine Tierarzt-Phobie haben könnte und zweitens auch noch zum Schreier werde, wenn mir was nicht passt und ich meinen Willen durchsetzen will. Kurz nachdem also Friede eingekehrt war, ruft die doch glatt noch mal diese Höllenärztin an und vereinbart einen Termin für uns am nächsten Tag. „Therapie" nannte sie das, ich nannte es die „Einschleim- und Durchsetzübung".

Mit flauem Gefühl gehen wir also wieder zu der Folterpraxis hin. Frauchen gibt der Ärztin meine Leckerchen und die schmust dann mit mir und füttert mich. Okay, sie ist also doch nicht so ein arger Unmensch. Dann hat sie noch Pfötchengeben mit mir gespielt und war so mit der Betrachtung meiner verletzten Pfote beschäftigt, dass sie gar nicht gemerkt hat, wie ich ihr alle Leckerchen weggefressen habe. So Menschen lassen sich doch echt leicht überlisten.

Jetzt stand noch Punkt zwei auf der Tagesordnung, die Sache mit dem Durchsetzen. Es sollte was sein, was ich nicht mag, aber auch nicht weh tut. Die kamen auf Fiebermessen, weil es in meiner Situation sowieso angebracht ist, die Temperatur zu kontrollieren. Als sie das Thermometer holten, schwante mir Böses. Aber halt, was hatte ich gelernt? Schrei so laut du kannst und keiner traut sich an dich ran. Ich legte los in den höchsten Tönen, aber die kannten keine Gnade und haben mir das Ding in den Po gesteckt. Als ich mich beruhigt hatte, kam dann wieder Schmusen und Fressen dran. Schließlich sollte ich nicht mit einer schlechten Erfahrung nach Hause gehen. Keiner konnte da ahnen, dass wir Gossos nicht nur die Elefantendosis Narkotika brauchen, sondern auch ein Elefantengedächtnis haben. Ein Gos vergisst nämlich nie und verzeiht schon mal gar nicht !!!!!!!!!!!

Schafe, Gäste und Familie hüten

Wie eingangs schon erwähnt, gehöre ich zu den Begleitern der Schäfer, also den Hüte-, Treib-, Wach- und Schutzhunden. Diese schert der Mensch ganz gerne alle über einen Kamm, aber bei genauerem Hingucken wird er den Unterschied im Verhalten sehr schnell erkennen. Die reinen Hüter wie z. B. der Border Collie oder auch Australian Shepherd fühlen sich zur Herde nicht zugehörig. Sie fixieren ihre „Objekte" mit starrem Blick und geduckter Kopfhaltung, um sie auf Befehl des Schäfers zu leiten. Wegen des Fixierens haben die Hütehunde deshalb oftmals Probleme mit anderen Hunderassen, da Nichthüter das „Anglotzen" als unhöflich und sogar provozierend betrachten.
Die Schäferhunde wie ich fühlen sich hingegen als Teil der Herde (ein Rind, Schaf oder ersatzweise auch der Mensch ist halt auch nur ein großer Hund), die beschützt, bewacht und manchmal auch gehütet oder getrieben werden muss, um das Rudelleben aufrecht zu erhalten. Da wir dies auch ohne die Anweisungen des Schäfers können müssen, sind wir deshalb in der Lage, eigene Entscheidungen zu treffen. Aber was heißt das im Zusammenleben mit anderen Tieren oder Menschen?

Da ich so im alltäglichen Leben eher selten einer Schafherde begegne, versuche ich mich eben anderweitig etwas nützlich zu machen. Herrchen und Frauchen haben ein Weilchen gebraucht, bis sie endlich mein Verhalten richtig gedeutet haben. Aber jetzt verstehen sie, dass ich eigentlich nur meinen Job machen will und zu aller Zufriedenheit fanden sie dafür ein paar ganz einfache Lösungen.

Zum Beispiel hatten wir Gäste, die ich noch nicht so gut kannte und Frauchen hat eines ihrer feinen Tausend-Gänge-Menüs gekocht. Wir saßen dann alle im Wintergarten brav auf unseren Plätzen (die Gäste hockten am Tisch, ich lag darunter) und Frauchen hat serviert. Alles verlief friedlich und ruhig. Nach der Hauptspeise musste einer der Gäste mal austreten (also aufs Klo) und da kam mir doch plötzlich der Gedanke, dass mir da vielleicht ein Schaf abhauen könnte. Also bin ich meinem Instinkt gefolgt und hab versucht, das

Schaf wieder an den Tisch zu treiben, indem ich ihm den Weg versperrt habe und vor seinen Füssen herumgesprungen bin. Obwohl ich das gar nicht lustig fand, haben alle gelacht, das Schaf bzw. der Gast verschwand, dann kehrte wieder Ruhe ein. Ich hab mich auf mein Plätzchen unterm Tisch verzogen und weiter dem Klingen der Gläser zugehört, bis der Ausreißer wiederkam. „Hey“, hab ich mir da gedacht, „wer weiß, ob der sich auf dem Klo nicht in einen bösen Wolf verwandelt hat und jetzt meine restliche Schafsherde fressen will.“ Da war ich doch mal lieber vorsichtig und zog kleine Kreise um ihn, damit er nicht so leicht ran kam und vielleicht diesmal ganz abhaut. Natürlich haben mich wieder alle total verkannt. Diese Ignoranten sind doch eigentlich meines Schutzes gar nicht würdig! Wenn wir jetzt seltene Gäste haben, macht Frauchen lieber ein Buffet, damit die Leute in Bewegung bleiben und ich erst gar nicht auf die Idee komme zu hüten.

Auch Restaurantbesuche mussten von uns allen erst einmal erlernt werden, denn dort sollte ich natürlich auch eher unscheinbar auftreten. Um niemanden zu stören, haben wir uns anfangs immer an einen ruhigen Platz irgendwo in der Ecke oder im Nebenraum gesetzt.

Bei so einem Essengehen lesen sich alle die Speisekarte durch und halten dabei bekanntlich den Mund. Dann setzt die leise Diskussion darüber ein, wer was isst und da das für mich relativ uninteressant ist, schlafe ich bei dem Gesäusel ein. Aber ein guter Hund hat immer ein wachsames Auge und meist passiert es ohne Vorwarnung: Ein Eindringling, genannt Kellner, kommt an unseren Tisch, bewaffnet mit Block und Bleistift. Natürlich spitze ich da die Ohren, mache mich bereit zum Sprung, denn der könnte ja auch was anders vorhaben als unsere Bestellung aufzunehmen. Und obwohl ich ein Held bin oder zumindest im nächsten Moment gleich werden würde, muss ich unsinnigerweise auf meinem Platz bleiben. Natürlich maule ich da dann ein wenig vor mich hin. Nach einem Weilchen droht meist schon die nächste Gefahr: Vermeintliche Bestien, getarnt als harmlose Restaurantbesucher oder Serviererinnen, kommen auf unser lauschiges Plätzchen zu. Also, da sag mir doch einer, wie ich da entspannen soll!

Natürlich haben Herrchen und Frauchen bald gemerkt, dass so stille Ecken nur meine Wachsamkeit wecken. Seitdem wählen wir einen belebten Platz in der Mitte des Restaurants, hier stört mich das ständige Kommen und Gehen überhaupt nicht. Ist ja wohl total normal!!!

Gerne gingen wir auch immer an den Badesee auf eine kleine, durch Bäume eingefasste Wiese, auf der man ganz toll mit anderen Hunden und Kindern herumspringen kann. Da zähle ich dann immer erst mal durch, was und wer schon so vorhanden ist und merke mir die Gesichter. Kommt dann aber so ein zwielichtiger Typ ganz ohne Kind oder Hund (das allein ist ja schon mal äußerst verdächtig), wird der genau beobachtet. Breitet er dann auch noch ganz ungeniert sein Handtuch auf unserer Wiese aus, renne ich hin und fordere ihn freundlich auf: „Hey, was willst du denn hier, das ist ´ne geschlossene Gesellschaft, also zieh Leine!“ Ignoriert er mich und zeigt mir damit, dass er gar kein Interesse an uns hat, lasse ich ihn zwar nicht aus den Augen, aber in Ruhe. Ist er freundlich zu mir oder spielt vielleicht sogar mit mir, dann bin ich gnädig und nehme ihn in unsere kleine Gemeinde auf. Oft ist es aber auch der Typ, der gleich mein Frauchen anschreit, sie soll mich wegnehmen. „Da siehst du“, belle ich dann, „das ist kein netter Mensch“. Den habe ich natürlich dann ständig auf dem Kieker.

Jetzt gehen wir immer öfter mal auf die „Durchgangswiese“, also die, an der alle vorbei müssen. Da ist natürlich so viel Trubel, dass sich das Hüten erst gar nicht lohnt. Auch gut!

Hochmut kommt vor dem Fall

Meine Heldentaten zu erzählen, macht mir ehrlich gesagt ´ne ganze Menge Spaß.
Aber ich kann auch ganz anders und bringe damit etwas Abwechslung in unser aller, nun fast schon routiniertes Leben.

Ich war mal wieder bei zwei Ausstellungen gemeldet, um endlich meine Zuchttauglichkeit in der offenen Klasse zu bekommen – die als Junghund hatte ich ja nun schon mit Bestnote und Pokal hinter mich gebracht und war dann auch noch „Saarlandjugendsieger" geworden. „Alles easy", dachten wir und sind nach Friedrichshafen gefahren und Herrchen hat ganz siegessicher mit mir den Ring betreten. Was er leider total vergessen hatte, war, dass ich zwischenzeitlich ganz schmerzliche Erfahrungen beim Tierarzt gemacht hatte. Ihr wisst schon, Phobie und Elefantenhirn … Oder besser gesagt: Kombinationsgabe. Ein Hund kann nämlich nicht wirklich logisch denken (wenns nicht so blöd klingen würde, hätte ich das Buch ja auch lieber „Assoziationen eines Hundes" genannt). Nein, vielmehr sammelt er verschiedene Eindrücke, auch als erregende Reize bekannt. Kommen da ein paar zusammen, kombiniert und reagiert er. Bei mir waren das z. B.:

• geschlossene, fremde Räume oder gar Hallen = vielleicht Tierarztpraxis;
• viele Hunde, die sich nicht wohl fühlen auf engem Raum = möglicherweise ein Wartezimmer beim Tierarzt;
• ein fremder Mensch mit beurteilendem Blick = sicherlich ein Tierarzt;
• prüfendes Anfassen = unbedingt ein Tierarzt;
• alles zusammen = verheißt nichts Gutes.

Die von mir bis dahin noch nicht als solche identifizierte Richterin schaute sich meine Zähne an, was ich noch ganz okay fand. Aber dann, beim Griff an meine Männlichkeit sollte die mal sehen, wie ich bocken kann. Panisch habe ich an der Leine gezerrt und wollte nur noch raus. Wer, bitte, außer Tierärzten greift einem denn sonst noch da hin? Horrorvisionen von ausgerissenen Krallen und blutigen Verbänden kamen auf. Innerhalb von einer Minute waren wir bzw.

ich disqualifiziert. Ich war der Folter entkommen und Herrchen und Frauchen standen da wie zwei begossene Pudel.

Herrchen hat den ganzen Tag kein Wort mit mir geredet und Frauchen hat gleich zu Hause ein Buch aus dem Regal gezerrt und nachgeblättert, was sie tun kann. Mich hat natürlich keiner gefragt, denn sonst hätte ich denen sagen können, dass ich schließlich erst noch ein schlimmes Trauma zu verarbeiten habe, bevor ich wieder in den Ring kann. Und überhaupt, ich gehe jede Wette ein, dass Herrchen sich auch nicht in aller Öffentlichkeit von *der* hätte da unten anfassen lassen. Aber er war echt sauer und da hab ich ihm beim nächsten Hindernislauf mal lieber noch einen Pokal geholt (anscheinend hängt er an den Dingern und man liest ja jeden Tag von armen Hunden, die von enttäuschten Herrchen an der Autobahn ausgesetzt werden).

Frauchen forderte zwei Wochen lang jeden Bekannten und Unbekannten auf, mir doch mal an den Po zu fassen (ihr wisst schon, wo). Desensibilisieren nannte sie das. „Na, klappt ja doch", dachte sie und diesmal ging´s nach Dortmund. Vorsorglich haben wir noch ein paar Runden im noch leeren Ring gedreht, da sollte doch nichts mehr schiefgehen. Weit gefehlt! Natürlich wusste ich genau, was auf mich zukommt, ich litt ja an einer Phobie und nicht an Gedächtnisschwund. Der Richter hat sich nach meinem Theater noch die Mühe gemacht und mir eine Beurteilung geschrieben: „Undisziplinierter Rüde ohne Ringdressur, kann nicht laufen und nicht stehen." Auf der Rückfahrt war Herrchen diesmal nicht schweigsam, es fielen Worte wie „Looser" und dass ich die Begleithundeprüfung in ein paar Tagen bestimmt auch vermassle. Dafür sollte ein Hund bekanntlich zumindest laufen und auch noch einige Kommandos befolgen können.

Die Begleithundeprüfung besteht aus einer Übungsfolge mit und ohne Leine auf dem Übungsgelände des Hundevereins, einem Wesenstest in der Stadt und dem theoretischen Teil, den natürlich das Herrchen machen muss, weil ich ja nicht schreiben kann.

Im Gegensatz zu Behandlungszimmern und Ausstellungshallen weiß ich genau, dass der Hundeplatz der sicherste Ort der Welt ist. Hier

dürfen wir nicht gequält werden. Und von wegen „undisziplinierter Rüde" – von 60 Punkten bekam ich immerhin 54 (hätten auch mehr sein können, wenn Herrchen nicht vergessen hätte, mich in der Gruppe absitzen zu lassen. Wer ist denn nun der Dabbes, hä?).
Im Stadtteil bekam dann Herrchen endlich mal wieder das Wort zu hören, das er so sehr auf den Ausstellungen vermisst hatte: „Vorzüglich".

So, nachdem also meine Ehre zumindest teilweise wieder hergestellt war, hatten wir beschlossen, dass wir erst einmal Gras über diese Ausstellungssachen wachsen lassen. Schließlich bin ich auch nur ein Tier und dazu auch noch ein ganz sensibles! Obwohl es mir ja schon ein bisschen gestunken hat, dass ich die Welt jetzt nicht mit lauter kleinen Chewbaccas überfluten konnte, weil mir die Zuchtzulassung fehlt. (Aber ich bin ja einfallsreich und wo ein Wille ist, ist auch ein Weg, aber das kommt später).

Zunächst und hauptsächlich, weil ich es bis dato nicht durfte, fand ich die Einstellung zur Fortpflanzung unter uns Hunden politisch nicht so ganz korrekt. Schließlich sprach damals jeder vom vereinten Europa, es gab den Euro, die Völker vermischen sich – nur bei uns Hunden war Rassismus eine Sache der Klasse.

Im Schneegestöber

Endlich wurde es dann auch wieder Winter, mein zweiter in diesem Leben, und im Gegensatz zur Pflanzenwelt blühe ich in der Kälte förmlich auf.
„Jetzt kommt er bald, der Schnee“, dachte ich und drückte mir meine Nase an sämtlichen Scheiben im Wintergarten platt. Tagelang starrte ich die trüben Wolken an, versuchte alles, um sie magisch anzuziehen, aber keine einzige weiße Flocke verirrte sich an unsere graue Bergstraße.

Der Postbote kam immer öfter und hielt mich ganz schön auf Trab, was mir sagte, dass bald Weihnachten ist. Statt friedlicher Ruh´ wurde gebacken, gekocht, geputzt und dekoriert. Meine Nase wurde immer platter und Frauchen bekam langsam die Krise, weil sie schon wieder die Fenster putzen musste. Den Stress hält doch kein Hund aus!

Also beschlossen wir kurzerpfote, Urlaub zu machen und wir packten meinen Koffer: Hundedecke, meine zwei Näpfe, Leinen, Bürste und für danach Schweineohren, blödes Hundeshampoo, falls ich mich mal vollsaue und natürlich die geheime Tüte mit meinen Weihnachtsgeschenken. Klasse, bei Kofferpacken bin ich immer ganz aufgeregt und lasse das Auto keine Minute aus den Augen. Dann, während Herrchen den Kofferraum vollstopft, sitze ich schon mal auf dem Rücksitz, nur um ganz sicher zu sein, dass die mich nicht noch vergessen. Hier kriegen mich keine zehn Katzen mehr raus.

Wir fuhren Richtung Österreich und obwohl es dort ja keine Grenze mehr gibt, hielt ich meinen Hundeimpfpass bereit. Für die 350 km brauchten wir geschlagene viereinhalb Stunden. Nicht etwa, weil wir so langsam fuhren, sondern eher, weil Herrchen und Frauchen so ziemlich jede Raststätte ansteuerten. Mal „musste“ der eine, dann brauchte Frauchen noch Kaffee, irgendwann bekamen wir alle Hunger und dann „musste“ wieder der andere. Ich nehme solche Stopps als gute Gelegenheit, meine Reiseroute genauestens zu markieren.

Die Landschaft draußen veränderte sich langsam, es wurde immer kälter und das triste Grau ging in reines Weiß über. Jetzt mussten wir im Tannheimer Tal sein. Die Prospekte hatten uns auch nicht belogen, ein gemütliches, altes Bauernhaus nur für mich (naja, und mein Rudel) an einem zugefrorenen See und ringsherum schneebedeckte Wiesen und Berge. Alles, was das Hundeherz begehrt. Ich sprang aus dem Auto, flitzte herum, stöberte im Schnee und war rundherum glücklich.
Der Vermieter kam, um uns die Schlüssel zu bringen und das Haus zu zeigen, ich begrüßte ihn bellend und bekam ein freundliches „Pfürdi“ zurück, was mit dem bekannten „Pfui“ überhaupt nichts zu tun hat. Hier bin ich Hund, ich darf ich sein! Richtig nett, diese Österreicher.

Während meine Familie die Koffer auslud, schnüffelte ich schon mal die einzelnen Zimmer ab, buddelte im Garten ein bisschen im Schnee herum und machte mich auch sonst irgendwie nützlich. Frauchen verteilte unsere persönlichen Sachen im ganzen Haus, nicht etwa, weil sie ein Messi ist, sondern vor allem für mich, weil es dann gleich schon viel heimeliger riecht. Natürlich fühlte ich mich längst noch nicht zu Hause und wollte dann lieber auch raus, um was zu unternehmen. Das machten wir auch, nicht weil ich so quengelte oder wir alle uns ohnehin mal richtig die Beine vertreten mussten, sondern vor allem, weil ich dann bei der Rückkehr schon etwas müde bin und auch merke: Hey, das Haus kenne ich, hier war ich schon mal! Ist ja gar nicht mehr so fremd wie vorhin!

Wir zogen also los und natürlich lief ich nicht etwa auf den geräumten Wegen, sondern flitzte durch den meterhohen Tiefschnee. Bei einem Langhaarhund wird das mit der Zeit immer schwieriger, das Flitzen meine ich. Es bilden sich unweigerlich zunächst kleinere Kügelchen, vor allem an den Hinterbeinen, die dann im Laufe der Zeit zu richtigen Schneebällchen werden. Die Fortbewegung ist damit natürlich stark eingeschränkt. Die Eiskugeln in meinem Fell hatten mich nur kurz irritiert, dann aber zum Erfinden einer neuen Gangart inspiriert: Vorderbeine in den Schnee stemmen, Hinterbeine auf der Schneedecke einfach lässig nachziehen. Na, wenn das mal keine neue olympische Disziplin wird! Unter den Besitzern von Langhaarhunden grassieren einige Gerüchte, wie sich

Eisbrocken und Schneebälle im Fell vermeiden lassen. Zum Beispiel ist gut, wenn man Pfoten und Beine mit Vaseline einschmiert, der Nachteil ist dann natürlich ein ziemlich fettiger Boden zu Hause. Haarspray soll auch ganz gut sein, aber welcher Hund, der was auf sich hält, lässt sich schon minutenlang mit so 'nem stinkenden Zeug besprühen? Frauchen plante, mir so 'ne Art Taucheranzug für den nächsten Winterurlaub zu nähen, fürchtete aber dann, dass das ziemlich doof aussehen wird. Blieben noch vier Gummistiefel, aber ich komme geh-technisch ja nicht mal mit einem zurecht. Also doch lieber die Kugeln im Fell, die machen mich schön müde und lassen mich dann wenigstens abends gut schlafen.

Zurück im „wiedererkannten" Haus, wurde ich dann doch abends vor dem Zubettgehen etwas unruhig. Wenn man irgendwo zu Besuch ist, z. B. bei Freunden oder im Restaurant, fährt man ja spätestens dann wieder nach Hause, wenn man müde wird. Ich lief also meinen Leuten überallhin nach, nicht dass die ohne mich wieder wegfuhren. Komischerweise legten sich dann Herrchen und Frauchen in das fremde Bett und ich notgedrungen auch daneben, natürlich immer mit einem wachsamen Auge.
Dann, am nächsten Tag, war endlich Heilig Abend und ich durfte Geschenke auspacken: einen Schuh aus Büffelhaut, einen Kauknoten aus Wollfäden und vieles mehr, aber das Beste ist ja ohnehin an den Geschenken, dass man das Papier in Fetzen reißen kann.

Als unsere Freunde am ersten Weihnachtsfeiertag ankamen, hieß es: rodeln gehen. Dafür musste man sich Schlitten ausleihen, mit der Sesselbahn auf den Berg fahren, sich auf das Holzteil setzen und im Schnee runtersausen. Ich bin ein guter Sesselbahnfahrer, aber den Schlitten mochte ich nicht. Kaum saßen die Menschen da drauf, fingen sie an, zu johlen und es klang wie ein Hilferuf. Deshalb lief ich hinterher und versuchte – wen auch immer ich zu fassen bekam – zu retten. Der Schlitten haute dann schon von alleine ab. Ich bin halt auch noch ein richtiger Rettungshund!

In Tannheim gibt es ein Erlebnisrestaurant, auf das meine Leute nicht verzichten wollten, aber sie bekamen nur einen Tisch für den Abend (meinen dritten also in diesem Urlaub). Natürlich war es mir

da im Ferienhaus noch nicht so heimelig, ins Restaurant konnte ich aber auch nicht mit, weil es im „Liebes Rot Flüh“ üblich ist, dass sich der Raum verdunkelt, Blitz und Donner einsetzen und von den Wänden das Wasser rauscht. Da würde ich mich ganz bestimmt fürchten. Also wartete ich lieber für ein Stündchen im Auto, das kannte ich ja schon und hier fühlte ich mich wohl.
Nach ein paar Tagen, wenn die Wohnung dann mehr nach uns allen roch, ich schon „Kommen und Gehen“ von Rudelmitgliedern gewohnt wäre und vielleicht auch noch das vertraute Radio oder den Fernseher angestellt bekäme, würde ich auch im Ferienhaus mal alleine bleiben können.

An Silvester drehten die Menschen dann völlig durch. Sie jagten Raketen in die Luft, tranken Prickelwasser und verhielten sich ganz komisch. Ich auch, weil ich mich vor dieser lauten Böllerei echt fürchtete. Als ich mich unter der Eckbank versteckte, hatte die kleine Tochter unserer Freunde Mitleid mit mir und wollte mich trösten und mit einem Würstchen hervorlocken. Doch Frauchen hat ihr erklärt, warum man das bei einem ängstlichen Hund nicht tun sollte: Hunde verstehen keinen Trost und bekommen davon noch mehr Angst. Es ist etwa vergleichbar damit, wenn ihr Menschen mit einem harmlosen Schnupfen ins Krankenhaus geht, aber der Arzt ist Chinese und spricht kein Deutsch. Jetzt geschieht normalerweise, dass der Arzt euch kurz untersucht, euch eher gelangweilt ein Rezept ausstellt und alles ist paletti.
Würde der Chinese euch aber jetzt in den Arm nehmen, euch mit fremden Worten besorgt beruhigen, sich ausgiebig und aufwändig um euch kümmern, hättet ihr doch bestimmt das Gefühl „da stimmt was nicht, ich bin bestimmt schwer krank“ und ihr bekämet so langsam Panik, oder? Und das wegen eines harmlosen Schnupfens. Also bei ängstlichen Hunden: immer cool bleiben. Nicht mit Futter herauslocken, da dies als Belohnung der Angst angesehen wird. Ein Leckerchen bekommt der Hund nur, wenn es wie z. B. in meinem Fall draußen knallt und ich keine Angst zeige. Das ist dann die positive Bestärkung.

Nun ja, am Tag darauf hatte ich alles überstanden und es hieß „Pfürdi Österreich“ – und wieder war ein Hundetraum zu Ende.

Gos-Treffen – oder: mein Beitrag zur Zucht

Da wir Katalanen sehr spärlich über Deutschland und die angrenzenden Nachbarländer verteilt sind, rotten sich unsere Besitzer gerne zusammen, was dann als Club- oder Züchtertreffen deklariert wird. Das geht meist über mehrere Tage, und Hund und Mensch soll dabei etwas lernen.

Wir kamen zu diesem Zwecke sonntags in Himmelberg an, haben schnell unser Ferienhaus beschnüffelt und sind dann gleich raus in die freie Natur. Vor uns wuselten schon drei Gossis im Feld herum und ich stellte mich vor.

Am Montag kamen dann noch mehr von unserer Sorte, einige kannte ich schon; Carlo wurde mir wegen seines Hustens nicht vorgestellt und Cash sollte ich erst am nächsten Tag so richtig kennenlernen.

Über Nacht geschah dann die wundersame Vermehrung (hab ich damals noch gedacht, jetzt weiß ich wie das richtig geht), denn am Dienstag sind wir mit zehn Hunden und zwölf Menschen zum Erbeskopf gelaufen. Bei der geführten Wanderung hat uns eine Frau etwas über die Bäume, Felsen und den alten, toten Siegfried erzählt. Ich hab aber nur den jungen, lebendigen Hündinnen zugehört und ab und zu mal pflichtbewusst an die besagten Bäume und Felsen gepinkelt.
Die kleine Criadilla, was übersetzt Trüffel heißt, war wirklich ständig auf der Suche nach denselben, aber weil sie keine gefunden hat, fraß sie alles, was ihr in die Quere kam, nur unsere Lunchpakete nicht (aber zum Kotfressen kommen wir später noch, denn das ist bei Hunden gar nicht so selten).

Wie schon erwähnt, kamen Cash und ich uns erst hier richtig näher. Leider musste ich dabei feststellen, dass er mir in Sachen „Macho-Raufereien“ in nichts nachstand. Furchtbar peinlich (vor all den Hundemädels) war mir dann natürlich, als Frauchen auch noch meinte, ich müsste mir meinen wohlverdienten Titel als „Rüpel“ mit Cash teilen. Ich glaub, ich werde alt!!!!!!!

Dass Menschen komisch sind, haben wir am Mittwoch gemerkt. Da lernen sie Englisch und Französisch, nur um sich im Urlaub mal ein „Breakfast“ oder „Petit déjeuner“ zu bestellen. Mit uns Lieblingen aber leben sie Tag und Nacht zusammen, ohne einen blassen Schimmer von unserer „Sprache“ zu haben.

Dem wurde dann ein Ende gesetzt. Ein Crash-Kurs in Sachen „Beschwichtigungssignale“ und „Körpersprache“ machte endlich mit allen falschen Interpretationen unseres Gebarens Schluss. Es ist doch so, wenn z. B. Herrchen mich anmault, nur weil ich ihm mal die Wurst vom Teller geklaut habe, schaue ich weg und gähne vielleicht noch dazu. Der denkt jetzt natürlich, dass seine Gardinenpredigt mich tierisch langweilt. Eigentlich will ich ihm aber nur sagen: „Schau, ich will dich doch gar nicht mehr provozieren. Ich bin doch jetzt wieder sooooo lieb, bitte sei wieder gut mit mir.“

Am Donnerstag kam nicht nur eine Züchterin und Richterin für Gos d´Aturas aus Spanien an, nein, auch meine Freundin Nina. Mit Nina war ich schon auf einigen Ausstellungen und Turnieren, und deshalb kannten wir uns bereits sehr gut. Nina kam deshalb ein paar Tage später, weil sie läufig gewesen war und die Besitzer wollten das Ende abwarten. Apropos Züchterin und Läufigkeit, da fiel doch Nina und mir gleich was dazu ein und wir sind mal eben hinter den Ferienhäusern verschwunden. Wir wurden zwar entdeckt, leider zu spät und ich kam als ganzer Mann zurück. „Kann nix passieren“, war die einhellige Meinung, „der Chewie übertreibt´s und irrt, schließlich ist Nina für die anderen anwesenden Rüden uninteressant.“ So weit, so gut – die alle mussten ja auch erst noch etwas über instinktsichere Rüden lernen.

Am Freitag lernten wir dann von der spanischen Richterin alles über unseren Rassestandard und das Laufen im Ring, damit wir Gossos unsere gute Figur bei Ausstellungen richtig zeigen können. Und siehe da, sie konnte sogar mit mir Zappelphilipp super laufen. Bei Herrchen und Frauchen hatte ich dann nur noch die oben erwähnte gute Figur, von Performance konnte keine Rede mehr sein. Aber immerhin: Ich lief!!!!! Und für den Titel „schönster Rüde“ hat es auch gereicht, auch wenn die anderen Gossos etwas eleganter vorgeführt wurden. Schade finde ich nur, dass so Richter nie eine

„formvollendete Rauferei“ oder ein „intensives Liebesspiel“ sehen wollen, in solchen Sachen bin ich echt gut.

Am Samstag wurden alle Hunde in Bandagen gewickelt. Nicht etwa, weil ich und Cash wieder Raufereien hatten, sondern weil uns das laut Anweisung einer Fachfrau beruhigen soll (z. B. bei Gewittern und so). Sie nennt dies und das Gefummel an Ohren und Rücken „Tellington Touch“. Einer bekam sogar ein gelbes Jäckchen an und musste damit vor uns in der Reithalle herumlaufen. Ich glaub, der war aber nicht sehr beruhigt, eher beschämt. Also, ich probiere das lieber mal alleine zu Hause aus, wo mich auch keiner sieht.

Abends sind die dann alle noch zum Buffet gestürmt. Hoffentlich war das nur für die Menschen gedacht. Ich musste nämlich heim, weil für mich sonntags noch ein Turnier auf dem Programm stand (reine Tierquälerei, ich war doch so liebesgeschwächt). Herrchen hat gesagt, wenn ich das Turnier gewinne, darf ich Nina wiedersehen. Erpressung, aber ich hab dann doch alle Hürden genommen und die Konkurrenz weit hinter mir gelassen.

Die Sprache der Hunde

Da ich das Thema „Beschwichtigungssignale“ nur kurz angeschnitten hatte und *ihr* jetzt bestimmt total neugierig seid, werde ich darauf mal genauer eingehen. Was haben wir in dem Crash-Kurs in Himmelberg denn gelernt?

Wenn man sich die Zähne eines Hundes mal anguckt, ist jedem wohl klar, dass damit viel Unheil angerichtet werden kann. Um Streit zu vermeiden und Hundebegegnungen möglichst unverletzt zu überleben, bedient sich deshalb der Hund neben dem „WauWau“ und „KnurrKnurr“, was ja nicht gerade wortreich ist, oder der Körpersprache (Ohren-, Ruten-, Körperhaltung) auch noch der weniger bekannten und viel subtileren Signalsprache. Die kann je nach Rasse und Zucht mal mehr oder weniger ausgeprägt sein und wird vor allem dazu benutzt, um das Gegenüber zu beruhigen (oder Hund benutzt sie absichtlich nicht, weil er sich halt jetzt mal mit dem Gegenüber streiten möchte). Da wir Hunde ja kein Deutsch können, wenden wir diese Signalsprache natürlich auch an, um euch Menschen etwas mitzuteilen. Wir schwenken sozusagen damit die weiße Fahne oder wollen die Friedenspfeife mit euch rauchen. Während Hunde aus aller Welt diese Einheitssprache recht gut verstehen, kann es doch schon sehr frustrierend sein, wenn der Mensch sie nicht kapiert oder gar falsch interpretiert. Da kommt bei uns Hunden schnell Unsicherheit, Angst oder gar Aggression auf.

Mit den Beschwichtigungssignalen erreichen wir oft schon eine Konfliktlösung, bevor eine Situation eskaliert, sie beruhigen uns selbst und auch unser Gegenüber, schaffen Vertrauen, Sicherheit und Verständnis. Meist wenden wir mehrere Zeichen auf einmal oder hintereinander an, um auch sicherzugehen, dass der andere kapiert.

Und das sind sie, die wichtigsten Beschwichtigungssignale und ihre Bedeutung:

Mein absoluter Favorit ist das **Lecken über Lefzen oder Nase und das Gähnen,** wenn ich gestresst bin. Zum Beispiel, wenn jemand mit unangenehmer Stimme an mir rumnörgelt, weil er was möchte und ich ihn aber nicht verstehe, oder ich von so netten Leuten wie

Ringrichtern und Tierärzten bedrängt werde oder ansonsten einfach überfordert bin, weil ich die Situation nicht verstehe.
Helfen kann man mir dann, indem man statt zu meckern, mir einfach deutlichere oder einfachere Kommandos gibt, vielleicht mit einer etwas freundlicheren Stimme und weniger bedrohlichen Körperhaltung, und mir – falls möglich – die Möglichkeit gibt, einer unangenehmen Situation ganz zu entkommen (naja, beim Tierarzt geht das wohl nicht und da schlecke ich auch oft, um zu zeigen, dass ich Schmerzen habe).
Gerade beim Gähnen kommt es doch wirklich immer wieder zu peinlichen Fehlschlüssen. So muss ich mir manchmal von Fremden anhören, die mich zu intensiv streicheln: „Ach, ist der süß, aber ich glaub, der ist müde“.

Schnelles Blinzeln, Abwenden des Kopfes, aus den Augenwinkeln schauen (= Blick verkürzen) heißt:
Ich werde bedrängt, weil ein anderer Hund, ein Gegenstand (z. B. ein lautes Auto) oder eine fremde Person zu nahe, zu schnell oder auch zu bedrohlich auf mich zukommt, sich über mich beugt oder mich sonst irgendwie bedrängt. Oder wenn mich ein anderes Lebewesen zu sehr mit den Augen fixiert (wisst ihr noch, die Hüter machen das gerne).
Abhilfe schafft man hier, indem man mir die Möglichkeit gibt, dem oben Genannten auszuweichen, indem die fremde Person z. B. nicht frontal auf mich zuläuft, sondern einen kleinen Bogen macht oder der „Fixierer“ den Kopf wegdreht (oder vom Herrchen sanft weggedreht bekommt). Oft sieht man das Abwenden des Kopfes und schnelle Blinzeln, z. B. wenn Kinder einen Hund zu fest und stürmisch umarmen.

Verlangsamen, Bogenlaufen, **Schnüffeln** und vielleicht sogar noch **Urinieren.**
Auch das ist etwas, was uns gerne vom Hundehalter falsch ausgelegt wird. Wie oft kommt es vor, dass Herrchen laut, scharf, aggressiv oder nervös nach seinem Hund ruft und dann auch noch sauer wird, wenn der Gerufene zögerlich zurückkommt, anscheinend den Gehorsam verweigert oder auch noch frech an den nächsten Baum pinkelt. Aber so ist das nicht. Der Hund merkt natürlich sofort: Da stimmt doch was nicht, sonst ruft Herrchen mich immer freundlich

zurück. Was los ist, weiß der Hund natürlich nicht. Aber es ist wohl nicht sehr ratsam, wenn Hund dann frontal auf das verärgerte oder unsichere Herrchen zurast, denn das heißt laut Hundesprache ja „Angriff". Nee, nee, besser man beschwichtigt, läuft ein paar Bögen, schnüffelt noch mal ganz interessiert an etwas herum, was eigentlich gar nicht interessant ist. Vielleicht kann man auch noch mal kurz wo hinpinkeln. Wenn man so zurückkommt, ist das Herrchen bestimmt wieder beruhigt.
Supergut wirkt das, wenn ich z. B. auch eine tolle Hündin sehe, die sich aber vielleicht ein wenig vor mir fürchtet, weil sie unsicher ist. Dann gehe ich ganz langsam, scheinbar völlig desinteressiert und im Bogen auf sie zu, markiere hier und da ein bisschen (auch weil sie dann gleich merkt, dass ich ein toller Rüde bin) und zeige ihr so, dass ich in friedlicher Absicht komme.
Immer wieder erlebe ich aber auch, dass ahnungslose Hundeführer mit ihrem Rüden an der Leine direkt auf mich zugestürmt kommen. Bei so viel Unhöflichkeit kann ich doch gar nicht anders als mal eben auf die loszugehen, oder??? Na, klar heißt es dann fälschlicherweise auch noch, ich wäre dominant.

Wenn sich Hunde bei Begegnungen **hinsetzen** oder sich sogar **hinlegen**, geht ihnen die Annährung ebenfalls etwas zu schnell. Auch bei zu wilden Spielen oder zu scharfen Kommandos greift man gerne zu diesem Signal, vor allem wenn alle anderen Beschwichtigungssignale wie Gähnen, Lefzenlecken usw. nicht verstanden werden. Häufig legen sich unsichere, kranke oder alte Hunde vorsorglich hin und sagen so: „Bitte, komm nicht näher."

Sehr gerne benutze ich im Training das M**ich-kratzen** oder **Mich-schütteln,** wenn ich die Übung nicht kapiert habe (die Menschen kratzen sich auch häufig am Kopf, wenn sie etwas nicht verstehen oder überlegen). Das befreiende Schütteln mache ich vor allem dann, wenn ich eine schwierige Situation überstanden habe. Herrchen weiß dann: Ach, da muss ich wohl mit der Übung noch mal einen Schritt zurück, der hat`s noch nicht so recht kapiert. Bei Prüfungen oder Turnieren verhält sich Herrchen aber auch oft anders als im Training. Ich überlege dann natürlich auch kopfkratzend, was ist mit dem Herrchen denn heute los, das haben wir doch schon hundertmal geübt, warum ist der denn so nervös?

Das **Einfrieren** oder **Erstarren (bewegungslos erscheinen)** wird angewandt, wenn jede weitere Bewegung zur Eskalation führen könnte. Hierbei kann dann noch beschwichtigend geblinzelt oder vorsichtig der Kopf abgewandt werden. Kommt z. B. ein Hund dem anderen zu nahe und der eine mag den anderen nicht, erstarrt der ängstlichere Hund, um nicht etwa durch eine falsche Bewegung eine Beißerei auszulösen. Besitzer sollten dann ruhig bleiben, jeweils langsam in getrennte Richtungen gehen, keinesfalls aber sich in die Situation einmischen oder gar den/die Hund/e zu sich rufen. Der ängstliche Hund kann in diesem Moment ohnehin nicht gehorchen, denn er darf sich ja nicht bewegen. Meist stolziert der dominantere Hund dann um den ängstlichen herum, macht noch mal auf dicken Molli und dreht dann aber doch in Richtung seines Herrchens ab.
Wird Ihr Hund in Ihrer Nähe bewegungslos, sollten Sie vielleicht einmal darüber nachdenken, ob Sie es nicht mächtig übertreiben. Vielleicht haben Sie ihn ungerecht oder unangemessen streng bestraft. Auch sollten Sie sich mal überlegen, ob Sie überhaupt noch verständlich für Ihren Hund sind. Vielleicht waren Sie auch zu laut oder zu grob. Wenn Sie ihn in dieser Situation weiter bedrängen, kann es auch durchaus sein, dass er Sie aus lauter Angst angreift und dann sind Sie meiner Meinung nach wohl selber schuld.

Als Schutzhund liegt mir das **Splitten** natürlich ganz besonders. Sind sich z. B. zwei andere Hunde zu sehr auf die Pelle gerückt, dränge ich mich dazwischen, um die beiden auseinanderzubekommen. Das kann bei Welpen dann sehr souverän ausfallen, bei zwei kastrierten Rüden vehement und bei einem unkastrierten Rüden, der eine Hündin angreift, auch durchaus grob. Dem ist dann gut geraten, dass er sich mit den Beschwichtigungssignalen wie Absenken des Kopfes, Lecken über die Nase oder Urinieren (nicht markieren, dafür gibt's extra Haue!) vor mir ergibt und langsam abdampft. Bei Welpen und Junghunden greife ich auch gerne ein, wenn mir das Spiel zu dolle wird und es zu eskalieren droht. Von überbesorgten Welpenhaltern heißt es dann natürlich gleich: „Ach, der gönnt denen das Spielen nicht." Tja, bis es dann zwischen den frechen Früchtchen ernst wird – dann erschrecken sie und jammern erst recht, wer von den beiden Welpen denn nun „Schuld" hat.
Auch bei Menschen, die sich zu nahe kommen, splitten Hunde ganz gerne, was ihnen dann als Eifersucht ausgelegt wird. Im Prinzip ist

es aber nur, weil Hund sich überlegen fühlt und meint, den „schwachen“ Menschen helfen zu müssen. Falls das Ihr Hund bei Ihnen tut, sollten sie mal über die Rangordnung in Ihrem Rudel nachdenken.

Wenn ich meinen Po in die Luft strecke, gleichzeitig Vorderbeine, Kopf und Brust nach unten strecke, ist das die Aufforderung zum **„Spielen“**. Das mache ich, wenn ich mit Hund (noch lieber Hündin) oder Mensch rumtoben möchte. Vor allem, wenn mein Gegenüber etwas unsicher ist, komme ich damit gut voran. Junghunde wenden diese Taktik gerne an, um soziale Kontakte zu knüpfen. Manchmal nerven die dann aber auch ganz schön (vor allem mich) und müssen mal freundlich zurechtgewiesen werden.

Aber nicht nur wir Hunde können so bei Begegnungen ziemlich schnell feststellen, was der andere von einem will und wie er gerade drauf ist. Auch die Menschen, sofern sie mal genauer hinsehen, können erkennen, was los ist.

Naja, ist ja wohl nicht schwer zu erraten, dass sich Frauchen nicht nur gleich auch noch die „Calming Signals“ von Turid Rugaas zu dem Thema einverleibt hatte, sondern auch forthin fröhlich mit mir kommunizierte. Statt „lass mich in Ruh“ klimpert sie jetzt fleißig mit den Wimpern, gähnt oder dreht sich kommentarlos von mir weg. Das kapiert sogar der begriffsstutzigste Hund.

Ein Vater wird geboren

Wie versprochen, trafen wir uns wieder mit Nina, die ganz in unserer Nähe wohnte. Da auch sie noch eine Ausstellung für ihre Zuchtzulassung brauchte und wohl auch als fiese Strafe für unsere willenlose Leidenschaft in Himmelberg, haben die das Thema mal wieder in Angriff genommen und uns in Stuttgart zur Ausstellung angemeldet. Nina ist mittlerweile echt Ring-erprobt. Ich nicht – und ich hätte dafür lieber eine Woche Schweineohr-Entzug genommen. Aber da Nina sich seit Himmelberg so komisch benahm, wollten wir auf Nummer sicher gehen und für uns bzw. für unsere möglichen Welpen unbedingt Zuchtpapiere.

Die (Hin-)Richtung lief bei mir wie üblich. Normalerweise bin ich ein echter Macho, aber wenn Fremde mir an mein bestes Stück wollen, kriege ich nach wie vor die Krise. Ich hab mich gleich mal unter dem Richtertisch versteckt, damit der mich nicht in die Finger bekommt. Natürlich hat alles (der ganze Ausstellungssaal einschließlich Richter) gelacht, nur Herrchen und Frauchen nicht. Statt „einen Kopf kürzer" kam ich dann doch mit den nötigen Papieren für unsere Zuchtzulassung aus dem Ring.

Da Ninas Bäuchlein deutlich dicker wurde, sind die Besitzer mal mit ihr zum Tierarzt. Sie haben uns dann ein Bild geschickt, auf dem eine Filtertüte mit einer Kaffeebohne drin zu erkennen war. Das nennt man Ultraschallbild und sollte angeblich einen unserer Welpen darstellen. Na, wer´s glaubt! Mein Frauchen war ganz begeistert und hat die Filtertüte überall rumgezeigt. Wieder mal typisch, ich rackere mich ab, werde verhöhnt und dann tut sie so, als wäre das ihr Verdienst. Menschen!

So 'ne Schwangerschaft ist ganz schön stressig (vor allem für den Vater). Ich musste sogar mal auf meine Mittagsschmuserei verzichten, weil wir eine Wurfbox für die Kleinen gebaut haben. Das Gesäge und Geschraube ging mir echt auf die Nerven. Aber ich hab mich gut gehalten. Die Nina auch, denn wir waren ständig in Kontakt mit Ninas Herrchen und Frauchen. Und was die jetzt alles bekam, ich glaub ich werde auch mal schwanger! Ein eigenes Zimmer: nur für sich und ihre Welpen, Wärmelampen, Spielsachen, Pfotendecken (... naja, die Mutter meiner Kinder hat ja auch das Beste verdient). Dann kam das Warten. Ich hatte zwar keinen blassen Schimmer, auf was wir warteten, drückte mir aber sicherheitshalber tagelang die Nase an der Wintergartenscheibe platt. Schließlich wollte ich der Erste sein, der sieht, was da von draußen reinkommt.

Es kam nichts, nur am Samstag um 24.00 Uhr ein später Anruf. Nina hatte gerade fünf stramme Jungs ganz alleine auf die Welt gebracht, die Nabelschur abgetrennt und versorgt. Ihre Menschen waren nur zum Wiegen und Stöhnen „Schon wieder ein Bub!" da und komischerweise genauso erschöpft wie die Nina.

Bis 2.00 Uhr in der Früh haben wir auf dem Sofa rumgelümmelt und telefoniert und gewartet, ob noch was passiert. Die Aufregung legte sich langsam und Nina und ich hörten so nach und nach die ersten sanften Misstöne bei unseren Frauchens heraus: „Ist ja schön, gleich beim ersten Wurf fünf Welpen zu haben, aber mussten denn das alles Jungs sein? Ein Mädchen wäre doch wirklich schön gewesen. Naja, schade, kann man nichts machen ... bla, bla, bla."

Während wir alle jetzt eine Mütze voll Schlaf brauchten, ließ Nina das unterschwellige Gemeckere anscheinend nicht zur Ruhe kommen. Von 3.00 Uhr bis 5.00 Uhr hat sie, wo sie doch eh schon mal dabei war, einfach noch ein paar Mädchen und einen Bub aus sich herausgepresst. Die Menschen waren (wenn irgend möglich) noch glücklicher, bis sie dann alle Welpen mal durchgezählt hatten. Insgesamt kamen sie auf sage und schreibe zehn. Da das weit über dem Durchschnitt bei den Gossos liegt, haben die aber doof geguckt.

Wie nicht anders zu erwarten, war ich natürlich wieder Schuld. Frauchen meinte, ich müsse auch bei allem übertreiben, sogar beim Babymachen. So ist die, nix kann man der recht machen!

Ninas Frauchen war nicht nur eine begnadete Geburtshelferin, sondern auch eine begabte Fotografin. So hatten wir gleich die ersten Bilder übers Internet. Während alle total entzückt waren, schrumpfte mein Vaterstolz, als ich die ersten Schnappschüsse sah. Lauter kleine Maulwürfe. Und blind waren die auch noch! Die lagen nur herum, schliefen oder suchten was zum Saufen. Puh, wie erbärmlich! Auch wenn Nina ein klein wenig geschafft aussah, war sie natürlich total happy. Tragen auch Hündinnen eine rosarote Brille?

Am dritten Tag wurden wir alle sehr, sehr traurig. Der kleinen Alinai, die bei der Geburt nur 127 Gramm auf die Waage brachte, wurde die Welt dann doch zu groß. Alle Bemühungen, sie aufzupäppeln, waren erfolglos.
Ihre Geschwister hingegen wuchsen und gediehen, öffneten so nach und nach die Augen und saugten ihrer Mutter die letzte Kraft aus. Dafür wurde sie dann mit dem feinsten Fisch und Huhn bekocht und als Spanierin bekam sie auch noch Gambas. Ich, als armer, getrennt lebender Vater, bekam natürlich wieder nur blödes Trockenfutter. Na, super!

Bald meldeten sich auch schon die ersten Interessenten für unsere Welpen. Es wurde viel telefoniert, gemailt, geschrieben. Schließlich trafen wir alle uns, um uns gegenseitig zu beschnüffeln. Vor allem ich hab die genau unter die Lupe genommen! Obwohl alle Besucher sehr, sehr nett waren, machten wir uns dann aber doch Gedanken. Haben wir denn auch die Richtigen ausgewählt? Sind sie gut zu unseren Welpen oder sperren sie sie etwa in Zwinger? Bekommen sie auch genug Schmuseeinheiten und Auslauf? Warum nur können wir nicht in die Menschen hineinsehen?

Am Ende der fünften Woche war nun die erste Autofahrt für die Kleinen geplant. Wohin? Natürlich zu mir, dem Papa in Weinheim. Ich begrüßte sie, da waren sie, MEINE Racker. Na gut, ich gebe ja zu, dass ich so ziemlich alle Welpen für meine eigenen halte (sogar Dackel). Aber diesmal war ich mir 100% sicher. Ganz der Papa! Natürlich war ich bei Nina abgeschrieben und durfte nicht mal an ihr schnuppern, ohne gleich die Hucke vollzukriegen. Weiber! Da gibt man den Frauen das Beste, was Mann zu bieten hat und dann schauen die einen nicht mal mehr an. Es war trotzdem schön, die Kleinen mal einen Tag bei mir zu haben.

Mit zunehmendem Alter machte sich dann die Meute nicht nur über das Welpenzimmer, sondern über das ganze Haus her. Nichts war sicher. Jedes Eck wurde inspiziert, jede Absperrung überwunden und alles Neue ausprobiert. Wenn mein Frauchen mit Ninas Frauchen telefonierte, hörte man immer jemanden im Hintergrund rufen: „Wie sind die denn alle ins Wohnzimmer gekommen?“ oder „Jetzt haben sie meine Schuhe erwischt!“ Ja, das sind halt aufgeweckte kleine Kerlchen!

Nina, wer kann es ihr verübeln, zog sich so manches Mal zurück, um zu verschnaufen. Bisher hatte sie peinlich genau alle Hinterlassenschaften ihrer Welpen aufgesaugt und so für eine saubere Wurfkiste und Wohnung gesorgt. Aber als die Häufchen Mount-Everest-Größe erreichten, gab sie auf. Kilometerlange Decken wurden ausgelegt und der Dauerbetrieb der Waschmaschine wurde getestet.

Von allen heiß geliebt und umsorgt, wurde die Bande jeden Tag ein wenig munterer – will heißen: stressiger.

Ja, langsam wurde es Zeit, sich von Mama zu lösen und sich ein neues Plätzchen zu suchen. Nach acht Wochen war es dann soweit. Der Zuchtwart kam, um den ganzen Wurf abzunehmen. Er war begeistert, da alle Welpen rassetypisch und gesund waren. Gerne würde ich ja jetzt sagen, dass das natürlich mein Verdienst ist. Leider muss ich aber gestehen, dass Nina hier wohl ganze Arbeit geleistet hat.

Ja, unsere Kleinen waren jetzt bereit für ein neues Leben und wurden – so nach und nach – in die große Welt hinausgeschickt. Von freudigen Armen in Empfang genommen, ließen sie Zwei- und Vierbeiner mit glänzenden Augen und traurigen Herzen zurück. Nina, die perfekte Mutter, suchte ihre Kinder im Haus, nur um dann festzustellen, dass sie endgültig fort waren.

Das Kapitel, das in Himmelberg so romantisch begonnen hatte, war nun abgeschlossen. Aber wenn Nina in zwei Jahren immer noch so traurig ist, brenne ich einfach mit ihr durch und wir machen noch mal himmlische Ferien.

Ich hab ja auch ne PSM

Wie so viele Hundebesitzer hatte sich auch mein Frauchen schon oft gefragt: "Warum macht der das nur immer wieder?" und "Warum nur, ist es so schwer, dem das abzugewöhnen?“ Jetzt, nachdem wir da mal richtig gut aufgeklärt wurden, wissen wir´s. Es liegt ganz einfach an meiner **P**sycho**S**omatischen**M**arke.

Hä????????? Ja, das hab ich auch gedacht und Frauchen wollte die, falls das was Medizinisches ist, auch gleich mal bei mir wegoperieren lassen. Aber nix da, schließlich hat die jeder, sogar Menschen. Sehen kann die keiner, aber sie ist auch für einiges ganz schön gut. Will man mir was beibringen (z. B. Sitz), speichert mein Gehirn diese neue Übung zunächst mal im Kurzzeitgedächtnis ab. Dem Frauchen und mir macht die Übung natürlich Spaß, weil wir beide dadurch ein Erfolgserlebnis haben. Dann sagt sie es immer wieder und ich mache es, weil ich gelobt werde. So wandert das „Sitz“ nach einer Weile in das Langzeitgedächtnis und wird dadurch zu einer Gewohnheit. Es wird also bei mir im Kopf eine somatische Marke gesetzt, die mir sagt, bei „Sitz“ hockste dich mal schön hin.

So weit, so gut, ist ja auch ganz einfach. Nur, warum klappt das bei dem simplen Wort „Aus“ nicht so recht, vor allem dann, wenn ich mal wieder Rüdenraufen will? Schließlich hat sie das mein Leben lang zu mir gesagt und meine Marke hat sich null verändert. Tja, das liegt wohl daran, dass ich es halt gewohnt bin, meine Feinde anzumachen.

Meine psychosomatische Marke sagt mir immer noch: Rüde, unkastriert, unbedingt einschüchtern mit bellen und knurren. Dann kommt logischerweise von Frauchen das „Aus“, welches ich natürlich auch gewohnt bin, absolut nicht zu beachten. Wie soll ich denn da mein Verhalten ändern? Nächster Schritt wäre, dass auf das „Aus“ natürlich etwas folgt. Hatten wir ja probiert. Zunächst z. B. mit Ablenkung, was unheimlich anstrengend ist und nach drei Wochen hatte Frauchen keine Lust mehr gehabt. „Der lernt's ja doch nie, da muss was anderes her!“ Also hat sie mir ein Sprühhalsband gekauft und bei jedem Knurren bekam ich 'ne Portion „Luft“ ab. Ja, das hatte mich doch im ersten Moment echt erstaunt, wer mag schon angepustet werden. Nach drei Wochen war ich zwar immer noch erstaunt, das Knurren war mir aber dann doch wichtiger. Also wieder nichts! Und so ging es munter weiter. Alle Trainer, die wir mal wieder diesbezüglich konsultierten, kamen mit guten Ideen und alle wurden wegen Erfolglosigkeit irgendwann aufgegeben.

Ja, und nun? Da waren wir aber ratlos. Der Schlüssel liegt ganz einfach in der (Aus-)Dauer. Um eine alte psychosomatische Marke („knurr den an") durch eine neue Marke („knurr nicht, ignoriere den einfach") zu ersetzen, hätte Frauchen ihr „Ablenkungsmanöver" mal mindestens acht Wochen durchhalten müssen.

Warum mindestens acht Wochen? Nun, Experten sagen, dass jedes Säugetier etwa die Dauer einer Trage- oder Stillzeit benötigt, um ein Langzeit-Verhalten zu ändern. Beim Hund wäre die Tragezeit etwa acht Wochen (beim Menschen neun Monate).

Das klang logisch fürs Frauchen, denn sie brauchte knapp ein Jahr, um ihre Essgewohnheit von „ich esse alles" in „ich finde Trennkost echt lecker" zu ändern. Nach diesen neun Monaten war ihr das neue Essverhalten in „Fleisch und Blut" übergegangen und heute denkt sie gar nicht mehr darüber nach, sie isst halt einfach so. Für mich heißt das also, dass ich mindestens acht Wochen lang anderen Rüden begegnen, Frauchen aber in der Zeit verhindern muss (wie auch immer), dass ich streiten will/kann/muss.

Puh, ganz schön anstrengend, vor allem wenn die äußeren Umstände einem das noch erschweren. Wir probierten es wieder mit der Ablenkung. Aber natürlich verliert Frauchen nach wie vor oft die Nerven, wenn wir z. B. in eine Gruppe voller „Feinde" geraten. Super, das Spiel beginnt von neuem.

Mein Fazit: Frauchen soll erst mal ihre Marke ändern: von „ich bin gestresst, wenn der Theater macht" in „ich bleibe ruhig". Bekanntlich dauert das bei ihr neun Monate. Und dann ist da auch noch das Herrchen.

Ist doch nicht sooooo schwer, denken Sie? Zerrt Ihr Hund vielleicht an der Leine? Haben Sie es tatsächlich nicht geschafft, mindestens acht Wochen lang einfach ruhig stehen zu bleiben, sobald sich die Leine strafft? Warum nicht, weil Sie es halt ein paar Mal doch zu eilig hatten, weiterzukommen? Ist es Ihnen zu blöd, beim Gassi gehen nicht weiter zu kommen als ein paar Meter und das acht Wochen lang?

Tja, so ist das halt mit der Theorie und der Praxis, gell!

Der Mensch und die Natur: Zwei fremde Welten prallen aufeinander

Da dachte ich, so langsam haben auch meine Leute mal ein bisschen was von der Natur kapiert und schon bewiesen sie mir das Gegenteil.

Es kam ein Anruf, ob ich vielleicht Lust hätte, der Pita ein paar Welpen zu machen. „Na klar“, hat Frauchen gesagt, „das macht der.“ Also haben wir ein erstes Kennenlernen vereinbart und siehe da, wir mochten uns. Pita sollte wiederkommen, wenn sie denn läufig ist und auch gedeckt werden möchte.

Am 12. Tag ihrer Läufigkeit war es dann soweit. Pita bot sich mir großzügig an, aber zum blanken Entsetzen von Herrchen und Frauchen schnüffelte und schleckte ich nur und beschloss: „Och nö, heut nicht!“ Die Menschen grübelten: War es zu heiß? Mag der nicht zu Hause? Ist er zu faul oder gar mittlerweile schwul?????? Der plärrt doch sonst immer herum wie ein Gestörter, wenn er eine läufige Hündin sieht. Jetzt darf er und will nicht.

Also gut, dann am 13. Tag halt zum Frühstück, wenn es noch schön kühl ist. Ich schleckte und schnüffelte wieder und beschloss: „Nee, nee, ich lass das mal lieber.“ Pita und Menschen fanden das ziemlich doof und so gingen wir auf ein Gassi, aber selbst da kam ich nicht in Stimmung.

Frauchen, die vor Scham am liebsten im Erdboden versunken wäre, deutete an, dass vielleicht ein anderer Rüde nicht so ein Schlaffi ist wie ich, und Pita es besser noch woanders probieren sollte. Aber da sie in der Vergangenheit mehrmals leer geblieben war, obwohl es andere bereitwillig eben gerade an Tag 12 und 13 getan hatten, blieb nichts, als am nächsten Tag wiederzukommen. Zumal die Auswahl an Gosrüden ja in Deutschland nicht gerade unendlich ist.

Am 14. Tag der Läufigkeit roch ich nur kurz und Pita brauchte nicht mehr zu betteln. Ich tat mein Bestes, bis mir die Zunge aus dem Hals hing. Ich heulte die ganze Nacht und wartete erregt auf Tag 15. Gott sei Dank kam sie wieder und wir folgten dem Ruf unserer Herzen und sonstiger Körperteile. Frauchen und Herrchen wischten sich den Angstschweiß aus der Stirn: „Doch kein Versager!“, und hofften inständig, dass mein Instinkt nicht trog.

Da alle wissen wollten, was mir denn noch so einfiel, trafen wir uns, rein zu Studienzwecken, auch am 16. Läufigkeitstag. Wir hoppelten verliebt aufeinander herum. Pita auf mir, ich auf ihr, aber nur so zum Spaß und ohne eine „feste Bindung“ einzugehen. Dann legte ich mich allein ins kühle Haus, um anzudeuten, dass für mich damit die Sache abgeschlossen ist. Auch Pita schien damit durchaus zufrieden. Die Nacht verlief ruhig: kein Heulen und kein Winseln meinerseits, nur stille Zufriedenheit.

Ganz traute diesem ungewöhnlichen Timing natürlich mal wieder keiner: „Woher will ausgerechnet *DER* denn wissen, wann der richtige Zeitpunkt ist und ob eine Hündin gedeckt ist?“, musste ich mit anhören und vom Herrchen kam: „Ich kann nicht glauben, dass der Dummkopf nicht einfach alles mitnimmt, was er kriegen kann.“ Auch das Wort „Sparbrötchen“ fiel.

Wie ein Déjà-vu kamen mir da die Worte vom vergangenen Oktober in den Sinn, als ich Nina traf und alles schrie: „Kann nix passieren!“ Naja, Nina bekam ja dann ihre zehn kleinen Nix. „Wartet´s ab, ihr Ungläubigen!“, dachte ich deshalb auch diesmal nur. Und siehe da, Pita wurde dicker und dicker und bekam sechs dicke, kleine Gossos. „Ein Wunder?!“ Nee, nur einfach die natürlichste Sache der Welt: Instinkt!

Turnierhundesport – oder: der fliegende Flokati

Zuerst sind wir nur in den Hundeverein gegangen, damit ich die nötigsten Kommandos kennenlerne. Begleithundeprüfung reicht ja völlig, aber wie das halt so ist, probiert man das eine oder andere dann doch noch aus. Plötzlich merkt der Mensch, dass es nicht nur dem Hund, sondern auch ihm Spaß macht, als Sechs-Beine-Team anzutreten und schwups – steckt man mitten drin im Turnierhundesport.
Natürlich hat man mich im Verein zunächst nicht gerade ernst genommen, war ich doch einfach nur ein süßer Wuschel mit Schlappohren, und außerdem waren meine Menschen nicht bereit, mich zu irgendetwas zu gängeln. Obwohl wir deshalb oft belächelt wurden, wurde ich einer der wenigen Hunde im Hundesport, die nicht nur vielseitig, sondern auch erfolgreich sind. Dazu sieht die „Arbeit“ mit mir auch noch harmonisch und einfach aus. Unser Geheimnis dabei besteht aus der starken Bindung und der Liebe, die ein Gos seinem Herrn entgegenbringt (sofern „Herr“ sich diese verdient hat). Lautes Geschrei, harte Trainingsmethoden oder gar Strafen sind nicht nur zwecklos, sondern auch völlig unangebracht. Schließlich möchte ich als Partner und Begleiter angesehen werden, nicht etwa als Arbeitsgerät, das nur für seine Zwecke eben mal „herausgeholt“ wird.
Aber nachdem ich dann ganz ohne Zwang eben mal schnell Vereinsmeister, Kreismeister im Vierkampf, Kreismeister im Combination-Speed-Cup und Fizeverbandsmeister im Vierkampf wurde, haben selbst die hartgesottenen Hundesportler bald gemerkt, dass in einem Gos viel mehr steckt, nämlich: Kraft, Ausdauer, schnelles Lernen, Gehorsam, Ehrgeiz und der unbedingte Wille zum Sieg! Da ich (und mittlerweile auch mein Herrchen) die Schnauze gar nicht voll kriegen kann, trainiere ich auch noch Obedience, Qualifikations-Speed-Cup, Dog-Dance und andere Sportarten und hab mein Näschen auch da gerne vorn.

Aber was genau ist Turnierhundesport eigentlich? Also, ich werde die wichtigsten Sportarten davon mal ganz wissenschaftlich erklären:

Der Vierkampf ist die „Leichtathletik für Mensch und Hund“. Ihn gibt es als Wettkampfdisziplin in zwei Leistungsstufen: der Vierkampf 1 und der Vierkampf 2. Die jeweils vier Disziplinen sind so aufgebaut, dass sie mit Hunden aller Größen und Veranlagungen ausgeführt werden können. Hund und Mensch sollten hierfür aber sportlich und gesund sein, da bei beiden – neben den Fehlern – vor allem die Schnelligkeit gemessen wird. Nicht nur ein guter Gehorsam des Hundes ist gefordert, sondern auch eine gute Bindung zum Menschen. Der Hund, der im Allgemeinen schneller ist als der Mensch, muss sich zügeln und ohne Zwang auf gleicher Höhe mit seinem Zwei-Beine-Partner laufen, ansonsten gibt es Punktabzüge. Hier sieht man dann, wer lediglich ein „untergeordneter" Hund ist, der nicht selten die Gelegenheit nutzt, um „vorzupreschen" oder welches Team harmonisch im Gleichklang den Parcours springt.

Die vier Disziplinen:

1. Gehorsam

Ähnlich wie bei der Begleithundeprüfung werden die Leinen-Führigkeit, Freifolge, Sitz- und Platzübung und beim Vierkampf 2 auch die Stehübung von einem Leistungsrichter bewertet.

2. Hürdenlauf

Der Hürdenlauf verlangt vom Hundesportler Schnelligkeit und Schnellkraft. Hier muss vor allem der Mensch trainieren, da der Hund diese Voraussetzungen in der Regel ohnehin erfüllt. Im Vierkampf 1 laufen Hund und Hundeführer eine 50 Meter lange Sprintstrecke gemeinsam und parallel (und dies in zwei Durchgängen, die bewertet werten). Der Hund springt dabei über drei Hürden, der Mensch läuft nebenher auf gleicher Höhe mit dem Hund. Der Hürdenlauf des Vierkampfes 2 besteht aus nur einem Durchgang auf einer Strecke von zweimal 40 Metern mit insgesamt sechs Hürden, die der Hundeführer aber ebenfalls überspringen muss. Die Zeit wird gemessen und die Fehler an den Geräten (z. B. wenn eine Hindernisstange fällt oder wenn Hund und Mensch nicht auf gleicher Höhe laufen) werden hinzugezählt.

3. Slalomlauf

Er sieht einfach aus, aber so mancher Hund nutzt die Chance und genießt seine Freiheit, endlich mal ohne Herrchen loslegen zu können. Ein gutes Team rennt gemeinsam den 75 Meter langen Zick-Zack-Kurs und nimmt die kürzeste Strecke in den 1,40 Meter breiten Slalomtoren. Um Strafpunkte zu vermeiden, müssen Hundeführer und Hund die Tore passieren und keine Stange auslassen. Und das am besten gemeinsam, denn entfernt sich der Hund zu weit, gibt es auch hier Minuspunkte. Zwei Wertungsdurchgänge fließen in das Gesamtergebnis.

4. Hindernislauf

Genau 75 Meter ist dieser Parcours lang, den Hundeführer und Hund laufen müssen (auch hier wieder in zwei Durchgängen). Die Uhr bleibt stehen, sobald der letzte des Sechs-Beine-Teams im Ziel angekommen ist. Herrchen/Frauchen darf neben den Geräten laufen und der gut trainierte Hund flitzt dabei über eine Hürde, Treppe oder Steilwand, geht durch einen Tunnel, über einen 65 Zentimeter hohen Laufsteg, springt durch einen Reifen, fliegt über einen Hoch-Weit-Sprung (auch Doppelsprung genannt) und ist meist schon als erster im Ziel (was bei dieser Disziplin auch sein darf). Abzüge gibt es bei Gerätefehlern z. B. wenn der Hund ein Hindernis auslässt oder schräg überspringt.

Die Auswertung:

Nun werden alle Laufzeiten zusammengezählt, die Fehler werden addiert, und auch die Punkte im Gehorsam fließen in das Ergebnis mit ein, um den Sieger festzustellen.
Gerechterweise gibt es für die Hundeführer eine Einteilung in männlich und weiblich, und je nach Turnierordnung auch eine Unterscheidung nach Altersklasse (z. B. Jugendklasse 12 bis 18 Jahre ...). Hunde werden weder nach Größe noch nach Alter noch nach Geschlecht oder Rasse bewertet. Hat ein Sechs-Beine-Team mehrere Vereinsturniere im Jahr mit einer bestimmten Punktezahl absolviert, darf es an den jährlichen Kreis-, dann Verbands-Meisterschaften oder gar der Deutschen Meisterschaft teilnehmen.

Obedience ist eine vielseitige und anspruchsvolle Hundesportart, die erst im Jahre 2001 in Deutschland offiziell anerkannt wurde und als „Hohe Schule" des Gehorsams bezeichnet wird. Vom Hund sind Übungen freudig und perfekt auszuführen, wie z. B. korrektes, aufmerksames Bei-Fuß-Gehen auf Anweisung, Apportieren (Holz, Kunststoff, Metall), Hürdensprung, Voraussenden in ein markiertes Viereck (genannt Box), Distanzkontrolle (Positionswechsel Sitz/Platz/Steh), Geruchsidentifikation, Absitzen und Abliegen in einer Gruppe von Hunden (mit Abstand oder außer Sicht des Hundeführers).
Auch dem Verhalten der Hunde und dem harmonischen Umgang Mensch/Hund wird Bedeutung beigemessen. Der größte Unterschied ist, dass nicht selbstständig gearbeitet wird. So wird das Laufschema vom Steward bestimmt, von dem der Hundeführer auch während der Prüfung die jeweils auszuführenden Übungen erhält.
Obedience ist für alle Hunde – groß, klein, jung und alt, Mischlinge und Rassehunde – geeignet und besteht aus vier Leistungsstufen: Beginner, OB1, OB2 und OB3. Die höchste Stufe ist gleichzeitig auch die internationale FCI-Klasse, die in allen Ländern gleich ist und auf Europa- und Weltmeisterschaften gezeigt wird. Aber natürlich kann Obedience – wie jede Sportart – auch jenseits von Prüfungsstress betrieben werden.

Dogdance ist eine junge, aus den USA stammende Sportart für den und mit dem Hund und leitet sich aus dem „heelwork by music" ab, das wiederum vom Obedience stammt. Mensch und Hund bilden ein Team und können auch ohne Sportgeräte auf einem Übungsplatz oder auch auf dem Gassi-Weg mit Spaß und Freude an ihrer gemeinsamen „Bindung“ arbeiten. Wie beim Obedience, fordert auch Dogdance grundlegenden Hundegehorsam, wodurch einige Anforderungen an Mensch und Tier gestellt sind. Elemente des Obedience (Sitz, Platz, Fuß, Steh ...) werden kombiniert mit eingeübten Kunststücken (z. B. Sprünge über die Schulter oder den Rücken des Hundeführers, Slalom durch die Beine des Hundeführers, Rückwärts- oder Seitwärts-Gehen, Drehungen (Twists), Pfotenarbeit (Touch), Männchen-Machen, Polonaise am Rücken des Hundeführers ...).

Diese Tricks werden in einer Choreographie im Rhythmus passender Musik präsentiert. Dabei macht der Mensch nur sehr kleine, tänzerische Bewegungen und der Hund zeigt, was er kann. Der Mensch lenkt den Hund durch Körpersignale oder durch leise, verbale Kommandos. Auch sollte der Hundeführer nicht zu „auffällig“ gekleidet sein, damit die Blicke der Zuschauer sich auf den Hauptakteur „Hund“ konzentrieren können.
In der Kür werden Tanzfiguren auf Distanz oder auch gegeneinander gezeigt, mit einem oder mehreren Hunden – und Menschen. Wie beim menschlichen Tanzen kommt es auch hier auf Synchronizität, fließende Bewegungen und gleiche Richtungswechsel an.
Für das harmonische Mensch-Hund-Team ist die Freude an der Bewegung, die Freude am Lernen OHNE Zwang eine perfekte Möglichkeit, den „Gleichklang zweier Seelen“ zu erreichen.

Gehorsam wird hier nicht mit strengen Kommandos oder dem Beharren auf die korrekte Ausführung erreicht, sondern allein durch positive und freundliche Motivation des Hundes. Das Wort „nein“ wird ersetzt durch „schade“, wenn es einmal nicht so klappt. Trainiert wird unter anderem mit Hilfe von Klicker, Shaping (Formen eines bestimmten Verhaltens des Hundes) oder Jackpot-Training (besonders gute Leckerlis). Bei Wettkämpfen wird in vier Klassen, wie im Obedience, gestartet. Aber auch das ganz private Tänzchen macht Spaß.

Psycho, jetzt dreht sie völlig durch

Weil´s Frauchen immer alles genau wissen will, steckt sie überall ihre Nase rein. So hortete sie alles, was je aufgeschrieben wurde, quetschte Fachleute auf Seminaren aus oder tigerte mit mir und Hundeprofis durch die Gegend. Aber weil sie den Hals immer noch nicht voll hatte, gab sie sich zu meinem Entsetzen auch noch gleich das ganze Programm, in Form eines Hunde-Psychologiestudiums.

Obwohl ich das natürlich maßlos übertrieben fand, konnte es mir nur recht sein, denn das hieß ja wohl, dass ich mich auf ihre „Couch" legen durfte. Und während sie sich die Worte „Rangordnung", „Erziehung" und „Konsequenz" in allen nur erdenklichen stilistischen Ausführungen einprägte und sich auch noch mit Problemen beschäftigte, die ich gar nicht habe, rekelte ich mich gemütlich auf dem Sofa.
Irgendwann kam sie drauf und merkte, dass das Ganze eigentlich herzlich wenig mit „Psycho", sondern mehr mit normalem „Hundeverstand" und „Verhaltensweisen" zu tun hat. Lange hat´s auch nicht gedauert und sie fand (mal wieder) heraus, dass ich gar kein Problemhund bin, sie lediglich manchmal ein Problemchen mit mir als richtigem Hund hat. Und wer ist schuld? Na, das Frauchen! Ihr fehlt es halt bei manchen Dingen an Einsicht und/oder Konsequenz, während ich (auch ohne Studium) ganz ungehindert und konsequent das tue, was mir mein Rüdeninstinkt so sagt.

Jetzt neigen so Leute mit neuestem Kenntnisstand und Wissen leider oft dazu, maßlos mit der Erziehung zu übertreiben. Plötzlich muss das Erlernte Früchte tragen, sprich: Hund muss besser funktionieren. Dann geht's los und vorbei ist es mit der Menschlichkeit bzw. mit „der Hund ist ja auch nur ein Individuum". Na, zumindest wurde mir das bei meinem Frauchen erspart, ich darf – auch wenn es nicht immer so bequem ist – nach Möglichkeit der bleiben, der ich schon immer war.

Na prima – und für die Erkenntnis, dass ich doch eigentlich ein ganz annehmbares Bürschchen bin, hätten wir bestimmt auch 10.000 Schweineohren kaufen können. Aber mich hat ja mal wieder keiner gefragt!

Ein Wiedersehen mit Abril

Damals, als ich im zarten Alter von drei Wochen das erste Mal meine Wurfkiste verließ und auf spanischem Boden herumtorkelte, hüpfte schon eine aufgeregte, erwachsene Gossi namens Abril um mich herum. Natürlich würdigte sie mich keines Blickes und auch mein Interesse hielt sich für die fremde Hündin in Grenzen. So lebten wir einige Wochen Seite an Seite – und gingen dann unserer Wege. Sie zog in die Nähe von Stuttgart, nach Eutingen, zu Charly und Heinz Helm, ich nach Weinheim zu meinen Leuten.

Dreieinhalb Jahre später sollten sich unsere Wege wieder kreuzen, denn sie stand vor meiner Tür. Da erst fiel mir auf, was für eine wunderschöne Hündin sie doch ist. Mein Babyspeck hatte sich mittlerweile in Muskeln verwandelt und mit meiner Körpergröße überragte ich sie um einiges.

Abril kam hereingehüpft und wollte erobert werden. Oh je, wie macht man das denn bloß? Hinten wollte ich ja schon mal an ihr schnuppern, aber vorne klapperte sie mit den Zähnen und verschaffte sich so einen Mordsrespekt. Flucht oder Zucht? Mann, hatte ich Schiss.

Ihr Frauchen hat dann das „Vorne“ gehalten und da hab ich für das „Hinten“ den Mut aufgebracht. Dann kam der Jubel. Hä, was'n nu' los? Abril führte einen Freudentanz auf, schlug Purzelbäume und wirbelte durch die Gegend. War ich so gut gewesen oder freute sie sich nur, weil sie mich rumgekriegt hatte? Weiber! Wer soll die denn verstehen?

Beim Gossos-Treffen, anderthalb Tage später, traf ich sie wieder. Konnte es sein, dass sie in dieser Zeit noch schöner geworden war? Ihr Duft zog mich magisch an und vor meinen Augen tanzten lauter rote Herzchen. Ihre kleinen, weißen Zähnchen sagten mir: „Was sich liebt, das neckt sich.“ Und ich verführte sie wie damals der Romeo seine Julia, nur ohne den Balkon.

Wir schmusten und konnten die Augen nicht voneinander lassen, während andere nur über Zucht und Züchten diskutierten.

Aber diese große Welt ist hart und ungerecht für uns Gossos. So kam es, dass wir uns nach einem wundervollen Tag erneut „Auf Wiedersehen“ sagen mussten. Dabei hatte ich ihr noch so viel zu geben. Ich heulte und jammerte, nicht nur weil sie mich verließ, sondern auch weil mir eines klar wurde: Bald werde ich wieder nur ein getrennt lebender Vater sein.

Als unsere sechs Nachkommen auf deutschem Boden herumtorkelten, fuhren wir nach Eutingen, um sie zu besuchen und so lernte ich alle Mitglieder der Zuchtstätte *„Du Domaine de Chevaux Blancs“* kennen.

Koprophagie – was ist denn das Ekeliges?

Uns fragte mal jemand nach Rat und da sind wir mit denen auf ein Gassi gegangen. Ich traute meinen Augen nicht, aber der Hund machte sich ganz genüsslich über sämtliche Hundehaufen her, ganz so, als bekäme er zu Hause nichts zu Fressen. Am nächsten Häufchen legte ich also einen Stopp ein und beschnüffelte es genauer, nicht dass mir da was durch die Lappen ging. Aber ehrlich, das bereits Verdaute wies keine Lockstoffe mehr auf. Pfui Deibel, so was bekäme ich nie runter!
Also, was war los mit dem Kerl? Frauchen und ich erklärten den empörten Besitzern den Begriff der Koprophagie, was nichts anderes heißt als Kotfressen. Warum tun nun einige meiner Kollegen und Kolleginnen so etwas?

Da unsere Vorfahren, die Wölfe, vor ihrer Höhle noch keine Biotonne hatten, war es eine absolut natürliche Handlung, dass die Rüden und Hündinnen instinktiv die Ausscheidungen ihrer Welpen fraßen. So hielten sie die Höhle sauber, bis die Kleinen groß genug waren, sich draußen zu lösen. Wir Gossos tun das heute noch, um unsere Jungen vor Infektionen zu schützen. Also keine Sorge, in dem Fall geht das klar! Bei allen anderen Verspeisern dieser Art würde ich mir aber mal richtig Gedanken machen. Entweder liegt da eine Mangelernährung vor – die gut mit Spurenelementen und Mineralien behandelt werden kann – oder aber es weist auf eine psychosoziale Verhaltensstörung hin.
So kommt mancher Hund auf die Idee, als Ersatzhandlung für Defizite an Kontakten, Bewegung oder sexueller Aktivität einfach mit der Koprophagie anzufangen. Andere hatten vielleicht vorher schon Verhaltensauffälligkeiten, die sie jedoch erfolgreich verleidet bekamen. Und um sich neue Aufmerksamkeit zu verschaffen, wählen sie das Lieblingsgericht, das nun wirklich jeden Hundebesitzer „empört". Und genau damit ist das Ziel auch schon erreicht. Der Hund steht wieder im Mittelpunkt, der Besitzer macht das Hampelmännchen und regt sich auf. Na, ist doch lustig!

Aber was tun mit so einem Ferkel? Im wahrsten Sinne des Wortes muss man dem Hund dann den Kot ordentlich verpfeffern. Nützt das nichts, holt man sich beim Tierarzt „Emetikum" (ein Brechmittel) und präpariert den Köder. Wichtig ist, dass sich der Besitzer neutral verhält, den Hund weder lockt noch vom Kotfressen abhält. Hat sich der Hund dann einmal ordentlich übergeben, sollte er in der nächsten Zeit nicht an unpräparierte Ausscheidungen gelangen, sonst war die ganze Aktion ja umsonst. Ziel ist nämlich, eine generelle Aversion zu erreichen und das gelingt nur, wenn auch der nächste Haufen ungenießbar ist. Na, da haben wir den Besitzern viel Spaß beim Präparieren gewünscht. Igitt! Übrigens greifen auch manche zu noch bildlicheren Methoden und schlagen vor den Augen des Hundes den Kot einfach „tot". Na, wem´s Spaß macht.

Mein erstes „Schleifchen“

Also, eigentlich sollte für mich das Obedience-Training nur ein Ausgleich zum Turnierhundesport sein. Schließlich wollte ich nicht nur als „Muskelprotz“ dastehen, sondern auch mein Gehirn etwas trainieren. Herrchen und ich übten zusätzlich zu Schnelligkeit und Geschicklichkeit auch einmal die Woche die „hohe Schule der Harmonie und des Gehorsams“. An Prüfungen und Turniere hatten wir dabei eigentlich nicht gedacht.

Aber „mitgegangen heißt mitgehangen“, meinte unsere Trainerin. Fünf von uns Vierbeinern wären jetzt genug „ausgeglichen“ und so meldete sie uns zur ersten Prüfung an. Mit rund 60 Hunden anderer Vereine trafen wir (ich, Haico, Lory, Alia und Flocks) auf dem Prüfungsgelände ein. Unsere Motivation stieg, als wir die schönen, roten Schleifchen sahen, die nur „vorzügliche“ Hunde bekommen würden. Plötzlich wollten wir alle nicht nur „gut“ oder „sehr gut“ sein, nein, auch in dieser Sportart wollten wir die Nase vorn haben. Wir gehorchten, holten Hölzchen, legten uns brav in der „Box“ neben der Leine ab und harmonisierten, um dem Verein alle Ehre zu machen. Die Trainerin konnte stolz auf ihre Mannschaft sein, denn jeder von uns bekam ein ganz „vorzügliches“ Schleifchen – und das gleich beim ersten Anlauf. Haico (der alte Streber) schaffte es sogar auf den 2. Platz, wir anderen drängten uns auf den Plätzen direkt hinter ihm.

Die Macht des Erfolges

Normalerweise sind wir Hunde ja auf den Menschen angewiesen, wenn wir eine Bestätigung für unser Verhalten wollen. Ein tolles Schleifchen beim Sport, ein Lob, ein Leckerchen oder ein gemeinsames Spiel wirkt Wunder und wir lernen durch diese positive Bestätigung schnell. Doch was tun, wenn Herrchen oder Frauchen den Futterbeutel, den Ball oder die streichelnde Hand in der Hosentasche behält? Wie lerne ich dann und wie belohne ich mich selbst? Unter den Zweibeinern heißt es: „Nichts ist erotischer als Erfolg!“ Auch ich strebe ständig danach, denn es ist die einzige Möglichkeit, mir selbst – und ganz ohne fremde Hilfe – Befriedigung zu verschaffen.

Ob meine Handlungen im Interesse meiner Besitzer liegen, ob gut oder böse, das kann ich als Hund natürlich schlecht einschätzen. Das beste Beispiel ist unser Briefträger. Er kommt, klingelt, ich belle und schlage ihn nach nur einer Minute in die Flucht. Dass er keine Angst vor mir hat und sowieso nicht verweilen würde, das weiß ich natürlich nicht. Ich sehe nur, dass er regelmäßig vor mir abhaut. Ich bin begeistert von meiner Macht und mein Wachverhalten verstärkt sich.

Wird das bei mir geduldet oder gar durch Lob verstärkt, fördert das diese Verhaltensweise (manche Menschen wollen das ja). Auch das „Mitbellen“ der Menschen („Aus, still, ruhig!“) spornt mich da noch mächtig an. Erfolglos bleibe ich, wenn Frauchen sich bei mir für die Wachsamkeit bedankt („Fein aufgepasst!“), mich absitzen lässt und mir mit dem ruhigen Kommando („Still“) noch ein Leckerchen zusteckt. Keinesfalls soll sich der Briefträger dann dabei oder gar vorher schon abwenden. Hat er es eilig und wartet nicht, bis ich mich beruhigt habe, schmeißt Frauchen ein Leckerchen in den Garten, das ich dann suchen gehe. Komme ich zurück, ist der Briefträger – ganz ohne mein Zutun – verschwunden. (So ein Mist!!! Na, dann warte ich halt auf den Mann von Vorwerk oder auf die Zeugen Jehovas, die darf ich nämlich ungestört vertreiben.)

Aber der Briefträger und sonstige Störenfriede sind ja nicht wirklich ein Problem in der Hund-Mensch-Beziehung. Lästig ist es, wenn ein Hund nicht hört. Wenn er mit anderen Hunden spielen darf, statt seinem Herrn folgen zu müssen, sieht er sofort seinen Erfolg darin und eine Bestätigung für sein Verhalten.

Gefährlich kann es aber durchaus werden, wenn das Fellknäuel seine Dominanz bestätigt (bekommt). Die Selbstsicherheit wird dadurch ständig größer, der Hund immer dominanter. Bei manchen reichen nur einige Erfolgserlebnisse aus und schon entwickeln sie sich zum Herrscher (Gott Lob nicht alle gleich tyrannisch).
Aggressives Knurren, Drohen, Zähnefletschen oder Schnappen sind zwar eine natürliche Reaktion des Hundes, wenn er sich in die Enge getrieben fühlt. Kann er sich damit aber den Menschen auf Distanz halten, verringert das seine Angst. Hat er mit dem Vertreiben Erfolg, wendet er diese Handlungsweise beim nächsten Mal sofort wieder an. Seine Aggression steigt von Fall zu Fall. Hat er durch Knurren keinen Erfolg, wird vielleicht als nächste Maßnahme das Schnappen gewählt. Schlägt auch das Schnappen die Person nicht in die Flucht, bleibt noch die Möglichkeit des Beißens.
Durch Training kann der Mensch viele Verhaltensweisen des Vierbeiners steuern und lenken. Manchmal erfolgt das Training bewusst, manchmal unbewusst einfach nur durch das unachtsame „Dulden" von schlechten Verhaltensweisen oder das „Versäumen des Lobes" bei guten. Durch „Dressur" kann man unerwünschtes Verhalten löschen, aber z. B. auch Angstbeißern beibringen, vor dem Beißen die angstauslösende Person lieber mal erst durch Knurren oder Zähnefletschen zu vertreiben. Läuft der „Fremde" vor dem Drohverhalten weg, kann ein beißender Hund einen Erfolg seines Drohverhaltens sehen und wird sich vielleicht damit zufrieden geben. Zumindest solange, bis man ihm die Angst vor Fremden (durch Desensibilisierung) ganz genommen hat.
Ihr seht, nicht nur ihr Menschen strebt nach Erfolg, sondern auch wir Hunde. Je mehr Erfolg wir haben, desto „glücklicher" sind wir. Also nutzt diese Chance – unseren Erfolgshunger – und lasst etwas Positives daraus werden!

Happy Birthday, Yoda!

Vor einem Jahr reisten wir, wie schon so oft, gen Stuttgart, um mal wieder unsere Züchterfreundin Charly Helm und mein Lieblingsrudel im Hause *„Du Domaine de Chevaux Blancs“* zu besuchen. Ich freute mich riesig, nicht ohne den Hintergedanken, mir vielleicht diesmal einen Herzenswunsch zu erfüllen: Erst decke ich die beiden Gossis Abril und Almeja und dann auch noch gleich die vier Briarddamen Grenja, Mara, Keri und Lilo.

Mein Wunschtraum endete abrupt, denn als wir ankamen, hatte Almeja bereits Gos-Welpen, ärgerlicherweise aber nicht von mir, sondern von einem Schweizer Rüden. Dann war auch noch nicht mal eine einzige Hündin läufig und ich fragte mich echt, warum wir wohl gekommen seien. Herrchen und Frauchen führten mit Charly irgendwelche Gespräche über „dominante Rüden“ (meinten die mich?), „Rangordnung“ und dass „er“ sich „ihn“ schon „ranziehen“ würde. Irgendwas auch noch über "dass der Kleine vielleicht mal frisches Blut in die deutsche Zucht bringt, Genvielfalt ist bei uns seltenen Gossos ja sehr wichtig ...". Äußerst komisch, das Ganze!

Vier Wochen später dachte ich „Auf ein Neues!“, aber wieder nix. Wir kamen an und zu meinem blanken Entsetzen nahmen wir doch glatt einen von diesen Welpen mit nach Hause. Einen Rüüüüüüüden, ja spinnen die denn????? Charly hatte uns „Yoda“ ausgesucht, der nicht nur schön und selbstsicher, sondern auch nicht sauer war, wenn er mal „unten“ liegen musste. Warum wohl??? Das Ganze kam mir recht spanisch vor, war ich es doch gewohnt, dass „Urlaubshunde“ in der Regel von ihren Besitzern gebracht und vor allem – nach spätestens 14 Tagen – wieder abgeholt wurden. Außerdem waren diese Besucher ausschließlich Hündinnen oder kastrierte Rüden. Hier lief was schief! Warum wohl haben wir den abgeholt, warum waren sein Napf und Hundekorb vor ihm da, die Treppen plötzlich abgesperrt und warum liegen neuerdings überall Teppiche rum. „Vorsicht!!!!“, dachte ich und beschloss, erst mal so zu tun, als wäre der Kleine überhaupt nicht existent.

Nach einer Woche beharrlichen Ignorierens war es mir dann klar: Den holt keiner mehr ab, der ist uns!!!! Charlys Worte mit dem

„Ranziehen“ fielen mir wieder ein und ich stellte sofort ein paar Regeln auf:

1. Nach dem „Okay“ von Frauchen frisst erst mal der Chef!
2. Wer nicht schnell genug seinen Napf leert, gibt den Rest an Chewbacca ab!
3. Körperkontakt und sportliche Aktivitäten mache ich gerne mit, aber nach einigen Pseudo-Niederlagen gewinne ausschließlich ich!
4. Das Sofa im Wohnzimmer gehört uns beiden! Das Sofa im Schlafzimmer dem Boss; anwesende Welpen können im dämlichen Hundekorb oder bei Herrchen und Frauchen im Bett pennen (die Hitze da drin hält ja eh kein Schwein aus)!

So, das sollte vorerst mal genügen und tat es auch.

Als wir dann Yoda stolz in die Gesellschaft einführten, hieß es gleich: „Chewie ist ja schon eine recht eigene Persönlichkeit, aber mit dem kleinen Früchtchen da, zieht ihr euch besser etwas wärmer an.“ Na, was sollte denn das nun wieder heißen, es war Sommer?!
Ein klein wenig demoralisierend für meine Leute war auch der erste Gang zur Nachimpfung mit Yoda. Unser ansonsten „pro Zucht“ und normalerweise „anti-Skalpell“ eingestellter Tierarzt begrüßte uns mit: „Habe ich doch recht gehört, ein kleiner Katalane! Er war es doch, der im Wartezimmer alle über seine Ankunft informierte, oder?“ – *Kleinlautes: „Ja.“*
„Und welcher von beiden wird denn dann später kastriert?“ – *Empörtes: „Keiner!!!“*
„Geht nicht, nicht bei zwei so typisch männlichen Vertretern der Rasse“ –
Eingeschüchtertes: „Wir probieren´s.“
Ungläubig bot er uns dann für den (zu erwartenden) Fall, dass der Haussegen schiefhängt, bei Bedarf eine kleine Auszeit an: durch „chemischen Kastration“. –
„Na, damit warten wir lieber mal. “

Zur Vermeidung von Spritzen (wer weiß schon, wen diese Chemie letztendlich trifft) hob ich den – ohnehin nicht existenten – Welpenschutz auf, als Yoda begann, eindeutig nach Rüde zu muffeln. Will heißen, es gab neue Regeln:

1. Wer mir beim Markieren auf den Kopf pieselt (von wegen nur kleine Versehen), leckt mir, falls ich es bemerke, sofort unaufgefordert die Lefzen.
2. Mahlzeiten werden tagsüber gemeinsam eingenommen. Wer um Mitternacht noch mal fressen will (und ich kriege nichts), verzieht sich freiwillig ins Bad und bellt da lautstark nach Essen. Wenn ich dann hinterher zur Geruchskontrolle komme, macht der andere sich (satt und schuldbewusst) ganz klein.
3. Wer mich im Überschwang jungendlichen oder sexuellen Notstandes rammelt, hat sich danach ohne zu murren für selbiges zur Verfügung zu stellen. (Dazu gleich mehr).
4. Wer ungeniert auf einem Schweineohr herumkaut, dreht sich dabei auf den Rücken, wenn er mir es schon nicht abgeben will.
5. Wer mit läufigen Hündinnen übt (natürlich erst, nachdem ich festgestellt habe, dass die noch längst nicht so weit sind), kommt danach in geduckter Haltung an, damit ich beschnüffeln kann, ob mir wirklich auch nichts entgangen ist.
6. Wer oben genannte Regeln nicht befolgt und dann bei Strafe auch noch plärrt, kriegt noch mal extra eins auf die Schnute.

Und da Yoda zwar frech, aber durchaus nicht blöd war, beschwichtigte er gutgelaunt schon mal im Voraus, was viele mit „oje, ist der unterwürfig" kommentierten. Aber zu scheinbar unmerklichen Dominanzgesten werde ich mich dann demnächst gesondert zu Wort melden.

Entgegen aller Unkenrufe und Ratschläge wie: „Die müsst ihr gleich am Anfang räumlich trennen" oder „Chewie dürfte bei mir den Yoda nicht so erziehen, schließlich ist der Mensch der Rudelführer" beobachteten Herrchen und Frauchen fasziniert unsere „Wolfssprache". Und nur so ließ ich Yoda wachsen und gedeihen, wie er von der Natur auch ausgestattet war. Das Bürschchen eroberte sich so nach und nach seinen Platz (nicht neben, aber gleich unterhalb von mir). Selbst beim Hundesport hieß es oft: „Den Chewie würde ich in seine Box sperren, solange du mit Yoda trainierst." Doch Herrchen und Frauchen wussten, dass sie mich damit in meiner Position zurücksetzen würden. Oder habt ihr schon mal gesehen, dass Alphawolf (Herrchen) den Betawolf (mich) in die Höhle (Box) sperrt, weil er sich mit dem Gammawolf (Yoda)

beschäftigen will? Nee, da musste schon der Betawolf (dummerweise ich) lernen, gelassen zuzugucken, ohne sich gekränkt zu fühlen. Natürlich wurden wir auch dafür von manchen kopfschüttelnd belächelt. Aber wie sollte man „echte“ Rangordnung ausgerechnet denen erklären, die sich für einen brav gezüchteten Familienhund oder für eine der sich „willig unterordnenden“ Schutz- und Polizeihunderassen entschieden haben? Die brauchen schließlich keinen Hund, der (wie der Gos) noch eigene Entscheidungen treffen kann. Und sollte wider Erwarten bei denen dann doch mal so was wie Instinkt aufkommen, wird`s meist wegkastriert (natürlich aus rein medizinischen Gründen!) oder sie werden halt als „Problemhunde“ angesehen. Ich hingegen musste lernen, männliche Konkurrenz zu dulden (zumindest im eigenen Rudel) und das konnte ich nur, wenn ich dabei nicht das Gesicht verliere und die Fronten klar sind.
Nun ja, was ich eigentlich sagen wollte, ist, dass mein Yoda jetzt ein Jahr alt wird, eine echte eigene Persönlichkeit hat und es meisterhaft versteht, sich einzuschleimen. Er fürchtet weder Tod noch Teufel (will heißen: weder Tierarzt noch mich) und wer kann einem so raffinierten Lefzenlecker schon böse sein? Ganz ohne Kratzer sind wir zu einem tollen Team geworden.

Der Jedi-Ritter – oder: wer rammelt wen?

Cineasten ist „Yoda“ auch als „Meister der Jedi-Ritter“ bekannt und er machte seinem Namen auch alle Ehre, denn er ritt und reitet noch heute gerne auf. Bereits als Welpe hoppelte er mit einem fröhlichen „ole, ole“ in die Welpenstunde und auf allen herum, die ebenfalls daran Spaß hatten, ob nun weiblich oder männlich. Und obwohl er dabei niemals grob oder aggressiv war, sondern sich sofort abwandte, wenn er mal weggeschickt wurde, gab´s von besorgten Hundebesitzern natürlich Kopfschütteln. Hauptsächlich von denen, die mal was über „Dominanzprobleme“ aufgeschnappt hatten (aber wohl zu faul waren, den ganzen Artikel zu lesen) oder gar ihre Hündin als Opfer „sexueller Belästigung“ sahen. Diese schritten dann auch sofort ein, um ihre Hündin zu „retten“ oder zerrten bei jedem Rammelversuch ihren eigenen Rüden von anderen herunter. Klar, der wird ja sonst zwangsläufig und unbedingt bösartig-dominant. Schließlich ist eine Welpenstunde dafür da, dass die Welpen miteinander „spielen“ und Ferkeleien wie Bespringen und vor allem Beckenstöße sollten doch nicht geduldet werden.
Sowohl Hündinnen als auch Rüden (auch Hündinnen rammeln gerne) brauchen aber eben dieses besondere Spielverhalten für ihre normale sexuelle Entwicklung. Außerdem lernt die kleine Hündin hier, wie sie sich einen unliebsamen Verehrer vom Hals schafft. Der kleine Casanova lernt, dass er nicht bei allen Hündinnen landen wird.

Übrigens reiten vor allem Welpen und Junghunde auch gerne mal beim Menschen und vor allem Kindern auf, da Kinder dieses Verhalten eher tolerieren. Kinder reagieren darauf sehr natürlich, lachen und bei zu viel des Guten schütteln sie die Hunde einfach ab. Frauchen z. B. benimmt sich schon eher wie 'ne olle Zicke, sie knurrt uns kurz, aber bestimmt weg. Na, ist ja verständlich, bei drei potenten Rüden im Haus (mich, Yoda, Herrchen) würde ihr das von allen dreien ein bisschen zu viel werden. Herrchen hingegen bleibt wie immer cool, er kennt die Anmache ja selbst aus wilden, jungen Jahren. Sexueller Frust, bisschen Machogehabe, mal zu viel, mal zu wenig Zuwendung von anderen Hunden oder Menschen, oder auch viel zu langes Bedrängen beim Bürsten, da kann Hund schon mal körperbetont reagieren. Kein Grund für Herrchen, gleich auszurasten – nee, der schiebt uns gelassen weg.

Da das Aufreiten eher ein Fortpflanzungsritual ist, wird es von unserem Gegenüber nicht gleich als Kampfhandlung angesehen. Will jetzt der Gerammelte keinen Kontakt oder wird es ihm zu heftig, läuft er entweder davon, knurrt oder schnappt nach dem Reiter, ohne dass der gleich sauer wird. Vorausgesetzt natürlich, er wurde von Herrchen oder Frauchen für seine Gegenwehr nicht bestraft oder ständig von ihnen aus so einer Situation befreit.

Auch unter euch Menschen gibt es welche, die gerne Körperkontakt haben und sich deshalb öfter als notwendig anfassen, sich die Hände schütteln, sich umarmen oder sich auf die Schulter klopfen. Das kann dann als freundlich, aufdringlich oder sogar unterdrückend empfunden werden. Aber keiner haut dem anderen wohl deswegen gleich eine rein, oder?

Nun gibt es Hunde, die das Aufreiten zur Kunst erheben und auch als ausgewachsene Hunde jeden anderen damit belästigen müssen. Herrchen und Frauchen sollten dann dafür sorgen, dass sie ihren Hund zurückrufen können und ihm eine Ersatzhandlung anbieten, wie z. B. Ballspielen oder Ähnliches. Aber selbst das ist noch längst kein Grund, dem Hund böswilliges Verhalten zu unterstellen. Erst wenn das Rammeln mit anderen Dominanzgesten oder gar Aggression einhergeht (also der Besteiger bei Abwehrhandlungen seines Gegenübers beißt, also sein Rammelrecht durchsetzen will), sollte man dem „Ritter“ mal ein wenig mehr Disziplin beibringen und seinen Status im Rudel überdenken.

Ich selbst hatte eigentlich das Rammeln nur noch gelegentlich oder natürlich in dem Fall der Vermehrung betrieben. Jetzt, mit Yoda, lasse ich mich natürlich gerne wieder auf dieses Spielchen ein. So heißt es des Öfteren bei uns: „Erst rammle ich dich, dann du mich und dann legen wir uns gemeinsam aufs Sofa und pennen.“

Bella, für die der Wolf heult

Bei einem Zuchtseminar unseres Clubs fiel sie mir das erste Mal auf: Bella, eine Schönheit in Schwarz mit hellen Strähnen.
Wir Gossos leben noch sehr „nahe am Rudel“ – will heißen, meine Ur-Instinkte waren schnell geweckt. Das Werben begann ich also – passend zum Thema Zucht – mit wunderschönem Wolfsgeheul, welches, zugegeben, doch etwas den Vortrag störte. Es sollte ja ein theoretisches Seminar sein, meine doch recht laute „Praxis“ nervte. Okay, dann halt das „Reservieren“ durch Markieren um die Hündin, das leider Herrchen im Sitzungssaal unterband und ich mir dann für draußen aufheben musste. Auch gut, zumal ich hier meine Duftnote durch Scharren sowieso viel besser verteilen konnte.
Irgendwie blieb Bella unbeeindruckt und ich wiederholte meine Liebesarien einige Monate später auf der Mitgliederversammlung – und zwar wiederum so laut, dass diesmal sie aus meinem Blickfeld genommen werden musste. Trotz Hartnäckigkeit machte ich mir wenig Hoffnung, denn sie war schon einem Rüden versprochen, der im Mai zur Zucht zugelassen werden sollte, was zumindest laut Kalender auch vollkommen in ihre Welpenplanung passte.
Aber wie das mit Läufigkeiten halt so ist, laufen die meist wann und wohin sie wollen, in diesem Falle viel zu früh ab – und somit Ende April direkt zu mir. „Jaaaahuuuuuu“, heulte ich und unsere eigene kleine Hollywoodgeschichte wurde wahr: Bella – die mit dem Wolf tanzt …
Nach zwei Tagen im Walzertakt (oder war`s Lambada?) und einer verheulten Nacht verließ sie mich voller guter Hoffnung. Unsere sieben kleinen Wölfchen kamen dann pünktlich acht Wochen später an.

Männersache: Prostata

Bei mir stand neulich mal wieder eine Obedience-Prüfung an und zu unserer aller Freude lief ich vorzüglich. Mein nächstes rotes Schleifchen schon vor Augen, blieb ich aber plötzlich mitten auf dem Platz kurz stehen und „ließ es laufen". Natürlich wurde ich sofort disqualifiziert – pieseln auf dem Platz ist nämlich verboten. Auch im Training ist mir das in letzter Zeit schon gelegentlich passiert, was eigentlich für mich untypisch ist und deshalb auch von Herrchen nicht bestraft wurde. Bei uns im Rudel heißt das Motto „Im Zweifel für den Angeklagten" und so grübelten wir erst einmal über die möglichen Ursachen:

1. Unsicherheit – nee, da kratze ich mich normalerweise.
2. Widerwillen – habe ich beim Hundesport doch nie.
3. Blasenentzündung – eher unwahrscheinlich, da ich zu Hause und nachts keinen Harndrang habe.

Trotzdem lief Frauchen mir am nächsten Tag mit einem Becherchen nach und fing ein paar Tröpfchen meines flüssigen Goldes ein. Der Teststreifen sagte aus, dass mein Urin vollkommen in Ordnung war. Aber da sich unserer Tierarzt nicht nur in der Anatomie, sondern auch in unseren Naturburschen-Seelchen auskennt, tippte er (noch bevor ich seinen Finger im Popo hatte) auf Prostatavergrößerung. Herrchen erschrak, das kannte er nur von alten Männern, aber der gute Doktor erklärte uns, dass das für einen verantwortungsbewussten Rüden durchaus nicht ungewöhnlich ist. Im Rudel bereitet sich der Rüde darauf vor, dass die weiblichen Wesen so ziemlich alle auf einmal läufig werden. Dann hat der Kerl mit der „Lizenz zum Decken" innerhalb kürzester Zeit eine Menge Arbeit und muss gut bestückt sein. Will heißen, durch den erst kürzlich stattgefunden Deckakt zwischen mir und einer aufregenden Hundedame wurde ich animiert, sammelte nebenbei auch noch die Gerüche anderer läufiger Hündinnen, addierte, produzierte und füllte so meinen Vorratsspeicher (genannt Prostata). Da kurzfristig dann zu wenig Platz für meinen Blaseninhalt und mein Erbgut war, musste ich mich – vor allem bei Stress (auch positiver Aufregung) – häufiger und oft unkontrolliert von einer der beiden Flüssigkeiten trennen. Die Wahl fiel mir nicht schwer.

Na bitte, neben Ungehorsam und Krankheit gibt's auch andere Gründe, es gilt halt nur, die auch richtig zu deuten. Wir beschlossen, das zu tun, was damals schon die Mönche in solchen Notzeiten taten. Nee, nicht kalt duschen, aber eine Sieben-Tage-Kräuterkur (Tabletten), die mein Organ wieder in den Normalzustand versetzen sollte. Im Gegensatz zu Spritzen sollten dadurch meine Libido und meine „Rüdigkeit" nicht lahmgelegt werden. Eine zweite Ration bekam ich dann vorsorglich gleich für die nächste Läufigkeitsrunde mit, weil wir befürchteten, dass auch dann die ganzen, gut duftenden Mädels nicht vor meiner Tür Schlange stehen werden. Echt schade, aber was will man machen.

Subdominanz – oder: ein Chef für gewisse Stunden!

Wie schon erwähnt, haben wir Hunde so manche Eigenarten, die die Menschen falsch interpretieren könnten. Entzückend ist er ja, der vierbeinige Kerl, der sein Bällchen unermüdlich bringt und aufdringlich um Aufmerksamkeit, Spiel und Zuwendung bettelt. Aber was steckt dahinter? Hier mal ein Beispiel aus meinem unerschöpflichen Repertoire:

Wir bekommen öfters mal Besuch von Fremden, die sich so einen Gos (also mich und jetzt auch Yoda) in natura anschauen wollen. Es klingelt und ganz, wie es auch von mir als Wachhund gewünscht wird, flitze ich zur Tür und belle. Frauchen kommt, guckt und lässt den Fremden ein, obwohl ich noch nicht so ganz damit einverstanden bin. „Umkreisen und bellen" ist mein Motto (es wird mir aus wohlüberlegten Gründen auch nicht verboten).

Aber okay, sitzt der Gast und ist damit willkommen, füge ich mich. Trick 17 fällt mir ein, wenn der Fremde mit Frauchen ein Tässchen Kaffee trinkt und sich schon ganz wie zu Hause fühlt. Ich schleiche mich an, stupse den Besucher mit der Nase an, bis der kapiert, dass er mich streicheln soll.

„Ach je, das ist ja ein goldiger Schmuser", kommt's dann auch prompt von den Leuten. Frauchen schmunzelt und denkt sich ihren Teil: von wegen Schmuser! Ich initiiere lediglich soziale Kontakte, um mal eines klarzustellen: Der Gast hat zu tun, was ICH von ihm fordere, notfalls auch ziemlich penetrant. Wäre nicht der Erste, der sich bei meinem Gestupse seinen Kaffee überleert. Frauchen nennt das „subdominante Gesten".

Im ersten Moment scheinen die ja ganz süß zu sein, aber Hund verfolgt lediglich ein Ziel damit: sich „den Neuen" unterzuordnen. Kommt schließlich überhaupt nicht in die Tüte, dass da einer hereinschneit und denkt, er könnte sich in der Rudelordnung vor mich drängen. Nee, nee, hier bietet sich mir doch eine ausgezeichnete Gelegenheit, mal den Chef raushängen zu lassen.

Jetzt denken bestimmt einige von euch, dass das nicht sein kann und vielleicht ein bisschen weit hergeholt ist. Aber draußen, in der freien Natur, würde ich sofort die Flucht ergreifen, wenn mich ein Fremder anfassen wollte. Ich bin ganz typisch für meine Rasse, nämlich reserviert gegenüber Fremden!

Hat mich der Gast dann lange genug geschmust, ist er natürlich vollkommen überzeugt, dass ich ihm „zu Füßen liege“. Weit gefehlt! Deshalb erschrecken auch die meisten, wenn sie aufstehen und ich sie anbelle. Ja, hat der sich vielleicht gedacht, ich lasse mich so schnell von ihm einlullen, damit er sorglos in meinem Haus herumspazieren kann? Nix da! So geht das nicht! Das Schaf muss gehütet werden. Außerdem gehört, um ungeniert und frei herumzulaufen ja wohl auch, dass ich ihn respektiere und wie soll ich das, solange er nach meiner Pfeife tanzt!?
Bei „Fremden“ ist mein kleines Dominanzspielchen ja noch recht akzeptabel, aber wie sieht es in meinem Rudel, sprich in meiner Familie aus? Bereits als Welpe hatte ich so einiges auf Lager, um mich in der Rudelordnung etwas weiter nach oben zu schummeln. Süß war ich, ein freundlicher, kleiner Kerl, stets zum Spielen und Schmusen aufgelegt wie jetzt auch unser Yoda.

Dazu muss man wissen, dass Hunde im Allgemeinen nicht wirklich „spielen“. Alles, was sie tun, ist eine „Übung“ fürs Leben. Balgereien mit Wurfgeschwistern sind kein Zeitvertreib, sondern das erste Austaxieren, wer denn der Stärkere ist. Ich persönlich kenne auf jeden Fall keinen Gos, der im zarten Alter „Kaufladen“ oder „Hochzeit“ gespielt hat. Nee, nee, bei uns geht’s eher um „wer rammelt wen“ oder „fang mich doch, ich bin ja eh schneller“. Klar, dass dann der kleine Knirps auch in der Familie versucht, sich nach oben zu „spielen“. Gewinnt er das Zerrspielchen gegen Herrchen, schafft er es beim Anleinen, davonzuflitzen, legt er Kopf oder Pfote auf Frauchens Bein und bettelt „schmuse mich“, brummelt er schon wie ein Großer, wenn ein Familienmitglied auch mal aufs Sofa möchte, so sind das die ersten kleinen Machtkämpfchen, die aus ihm bei Erfolg unter Umständen schnell ein Terrorkrümelchen werden lassen können.

Yoda z. B. ist ein Meister der Beschwichtigungssignale, aber auch ein ganz schön durchtriebenes Kerlchen. Er hat das Lefzenlecken und Bodenkriechen zur Kunst erhoben und jeder, der das sieht, denkt: „Oje, der Arme wollte doch bloß spielen." Dass er mir so ganz nebenbei (und natürlich aus Versehen) beim Markieren auf den Kopf pinkelt, mich lustig rammelt (wo soll er denn sonst üben?), mir mein Bällchen bringt (und unter die Nase reibt) oder mir „zärtlich" den Kopf auf die Schulter legt, wirkt entzückend für den Betrachter und bleibt als provokative Geste oft unbemerkt. Mein Brummen oder gar dezentes „in die Schnauze kneifen" hingegen wird dann als übertrieben angesehen.

Also, guckt in Zukunft lieber mal genauer hin, wenn euer Hund sich „so was von niedlich" verhält, vielleicht liegt das auch schlicht und einfach nur an eurer sentimentalen Interpretation!

Wo wir gerade so schön beim Thema Interpretationen sind, machen wir auch gleich mal mit einer anderen Auslegung Schluss, nämlich mit dem „Das klären die Hunde schon unter sich selbst" oder „Die müssen das halt mal unter sich austragen".

Rudelordnung – oder: „Lasst die das mal selbst austragen“

Zwei meiner Töchter (von unterschiedlichen Müttern) sind sich mal bei mir ganz zufällig begegnet. Eigentlich wollten wir nur einen gemütlichen Nachmittag verbringen, aber aus dem Kaffeekränzchen unserer Frauchens wurde dann nichts. Beide Töchter waren es ja nun gewohnt, bei uns jeweils die „Dame des Hauses“ zu sein und zu beider Entsetzen war da doch plötzlich eine Nebenbuhlerin. Natürlich gingen die ganz schön aufeinander los. Die Dominantere hatte bald die Oberhand und ließ auch nicht locker, schließlich sollte die Sanftere ja ganz verschwinden. Ich hielt mich raus, denn während Rüden bei einem Streit eher die Muskeln spielen lassen, können Hündinnen sich so richtig schön verbeißen, was dann natürlich blutig enden kann.

Spätestens in solchen Situationen liegen sich meist auch noch die Hundebesitzer in den Haaren. Dann lässt der Satz „Die müssen das unter sich austragen“ auch nicht lange auf sich warten. Diese „Halbweisheit“ führt dann dazu, dass zufällige Begegnungen zwischen Hunden so enden, dass schwächere Hunde zu Schaden kommen und dominante Hunde falsche Bestätigungen von ihren Haltern bekommen. Und das, obwohl sich die beiden Hunde in ihrem ganzen Leben vielleicht nicht wieder sehen werden. Na, ist das die Sache wert?

Wie aber sind solche Sätze denn überhaupt erst entstanden und weshalb stimmen sie, aber halt nicht immer? Dazu muss man nun etwas über das Rudelleben und die Rangordnung wissen:

Ein Rudel ist eine ständig zusammenlebende Gruppe von Hunden, entweder im eigenen Haushalt oder im engen Umfeld. In diesem Rudel muss sich eine Rangordnung aufbauen und diese auch erhalten bleiben. Das heißt, leben mehrere Hunde zusammen, kommt es unausweichlich zum Kampf mit dem Alphahund, sobald ein Untergebener die Chance zur Positionsverbesserung wittert. Der Mensch muss hier, um diese Rudelordnung nicht zu stören, den Alphahund in seiner Position bestärken. Meist herrscht Frieden,

wenn die Positionen geklärt sind. Hier trifft also der Satz „des Austragens“ zu.
Sehen sich nun zwei Hunde nur gelegentlich, sind die von einem gewachsenen Rudel weit entfernt. Nehmen wir die Natur als Beispiel: Da leben die verschiedenen Wolfsrudel räumlich getrennt und achten das markierte Territorium des anderen Rudels. Sie dringen nur selten in ein anderes Rudel ein und wenn doch, kommt es zwangsläufig zum Kampf. Es geht hierbei entweder um die territorialen Rechte oder darum, dass ein Alphawolf sich ein neues Rudel sucht. Der Kampf endet mit Flucht oder Tod des Unterlegenen. Die Menschen haben ihre Hunde an Hundebegegnungen gewöhnt, auch wenn diese für einen Wolf nicht alltäglich sind und meist eine Bedrohung darstellen. Es gibt Rassen, die leben in „Gleichberechtigung“ miteinander. Andere haben aber noch immer den Instinkt des Wolfes. So ist für manche Hunde ein anderer auf dem Spazierweg eine Provokation und er wird versuchen, die Position mit ihm zu klären. Bei den meisten Begegnungen geschieht dies mit Dominanzgesten oder einer Kabbelei, bis die Fronten geklärt sind. „Normal“ kann aber auch sein, dass der dominante Hund den „nicht zum Rudel (oder zur Familie) gehörenden Schwächeren“ vertreiben will. Er greift immer wieder an, ohne die Unterwerfung des anderen zu akzeptieren. Der Schwächere soll schließlich ganz verschwinden, was er nicht kann, wenn Herrchen oder Frauchen nicht auch von dannen zieht oder sich gar einbildet, bleiben zu müssen, bis das „geklärt“ ist.

Jetzt meinen natürlich die Hundebesitzer der stärkeren Hunde, dass sie ihrem dominanten Hund damit ja nicht direkt schaden. Schließlich ist ja nur der Schwächere der Leittragende. Von wegen!!!! Mit dem „Gewähren lassen“ suggerieren sie ihrem Hund unbemerkt, dass er derjenige ist, der entscheiden darf, wer unterwegs mal eben nach Lust und Laune attackiert wird. Durch die ständigen Siege wird der Hund immer dominanter und hat außerdem auch noch ein Lustgefühl, das er gerne und oft steigern möchte. Die Attacken werden immer heftiger, da der Hund sich vom Besitzer ja auch noch in seinem Tun bestätigt fühlt. Lässt also der Halter immer wieder Kämpfe mit „fremden“ Hunden zu, gewöhnt er seinem Hund nicht nur solche Auseinandersetzungen an, sondern kann schlimmstenfalls so ganz nebenbei auch bald selbst die Kontrolle über seinen wilden

Vierbeiner verlieren. Außerdem ist es völliger Unsinn, seinen Hund grundlos eine Rudelordnung aufstellen zu lassen, wo gar kein „Rudelleben“ vorhanden ist.

Treffen sich also zwei Hunde, die sich möglicherweise nicht verstehen werden, sollten besser die Halter die Führung übernehmen. Das heißt, an die Leinen mit ihnen oder sich aus dem Weg gehen. Vor allem die bereits bekannten „Schwächlinge“ sind zu meiden und man sollte darauf achten, dass der dominante Hund möglichst wenig provoziert wird, auch nicht von einem fröhlichen anderen Hund, der laut Besitzer ja „nur spielen will“.

Kyara, meine liebreizende Sirene

Wir kennen sie alle, die Sirenen aus der griechischen Mythologie, die mit betörendem Gesang die Seefahrer anlocken. Dann gibt es natürlich auch noch die Sirenen, die bei Gefahr laut ertönen, wie die z. B. bei der Feuerwehr, wenn's brennt.

Kyara, eine gelungene, katalanische Sirene, hat ein bisschen was von beiden. Sie lockte mich mit verführerischen Klängen, um dann – hatte ich mich nahe genug herangeschippert – schrill loszuheulen.

Sie wollte ja schon unbedingt Welpen haben, sehr gerne auch von mir, aber dummerweise halt leider, ohne dass ich bei ihr andockte oder in dem Fall heißt es wohl eher andoggte. Hmm, das machte das Ganze natürlich etwas schwierig.
Aber wir Gossos und Gossis sind sehr sensibel und da muss Mann bzw. Rüde mit viel Feingefühl ran gehen. Zwei Stunden lang ruderte ich ihr hinterher und zeigte ihr, was für einen tollen Seebären sie da im Schlepptau hatte.

Unsere ungeduldigen Frauchens funkten schon SOS – wie immer am Telefon – und berieten sich mit Tierarzt und Züchterkollegen.

Tipp 1: Kyara leicht festhalten. Aber der Vorschlag scheiterte, da wir nicht sicher waren, ob man bei „leicht" auch noch Stricke, Rettungswesten bzw. Zwangsjacken und eine 50-Mann-Crew zu Hilfe nehmen darf.
Tipp 2: Alle Menschen trinken einen Cognac, der nicht nur die Ohren betäubt, sondern auch gelassener macht. Dieser Rat wurde einstimmig auf später verschoben, da keiner schon mittags saufen wollte.
Tipp 3: Kyara mal alleine ein wenig schmachten lassen. Das klang doch gut und sie wurde für eine kleine Auszeit in ihr Auto gesetzt.

Nach einer Weile kam Kyara wieder und wir setzten unsere Regatta fort. Ist doch gut, dass wir beide im Hundesport die nötige Kondition aufgebaut hatten. Geduldig nahm ich ihr das Ruder immer mehr aus den Pfoten und auch den Wind aus den Segeln. Und siehe da, nach nur vier Stündchen auf hoher See schaukelten wir dann endlich gemeinsam in den Wellen.

Acht Wochen später erreichten vier kleine Seebärchen und zwei Sirenchen den fränkischen Hafen.